Mourir
les yeux ouverts

Marie de Hennezel
en collaboration avec Nadège Amar

Mourir
les yeux ouverts

LE GRAND LIVRE DU MOIS

Avant-propos

Yvan Amar vient de mourir. Il avait quarante-neuf ans. Il était atteint d'une insuffisance respiratoire gravissime. Son cœur a fini par lâcher. La crainte de mourir dans des souffrances extrêmes pousse la plupart de ceux qui pressentent leur mort vers l'hôpital. Yvan a fait un autre choix : mourir chez lui. Il est mort dignement, sereinement, sans souffrir, dans les bras de sa femme, Nadège.

Ses funérailles ont été une fête. Les gens n'étaient pas tristes, mais recueillis et remplis d'une sorte de joie profonde. Elles étaient à l'image de l'homme.

Lorsque Nadège m'a raconté cela, nous avons pensé, elle et moi, que ce témoignage avait son poids, dans un monde où la mort n'est plus acceptée comme un événement naturel de la vie.

L'expérience d'Yvan et de Nadège Amar

nous provoque. Est-elle une exception ? Est-elle un exemple dont nous pouvons nous inspirer ? A chacun d'en juger. Nous estimons, pour notre part, qu'elle nous donne quelques clés. Avoir conscience de sa propre mortalité oblige à ne pas vivre à la surface des choses. On prend de la hauteur, on revient vers l'homme intérieur et, ce faisant, on s'apaise face à la mort. C'est ce que nous enseignent les traditions et notamment, comme on le verra ici, celle de l'Inde.

Chacun peut préparer sa mort – dont il ne connaît ni le jour ni l'heure – en vivant le plus en accord possible avec ses valeurs, le plus consciemment possible. Chacun peut approcher sa mort les yeux ouverts, si la mort n'est pas niée, si l'entourage l'accepte, s'il y a suffisamment de vérité et d'amour autour de celui qui meurt. Chacun peut faire de sa mort une leçon de vie pour les autres.

Le témoignage de la mort d'Yvan Amar, le rayonnement de cet homme simple, vrai, ancré dans la réalité, touchera le lecteur. Mourir les yeux ouverts n'est pas impossible aujourd'hui, même si la bonne mort souhaitée est une mort rapide, inconsciente et parfois même anticipée.

La mort d'un sage

Ce jour-là, elle a changé les draps de leur lit. Elle a mis de jolis draps blancs brodés que leurs amis leur avaient offerts.

Puis ils se sont assis sur la terrasse devant le jardin planté d'oliviers.

C'est une belle soirée de juin, la lumière est merveilleusement douce, la nuit tombe doucement.

Lui est fatigué, d'une fatigue particulière ce soir. Elle le sent. La maladie dont il est atteint depuis plus de trente ans, un asthme vieilli avec bronchite chronique, s'est aggravée ces derniers temps. Lors de la dernière consultation à l'hôpital, le pneumologue a clairement dit qu'il ne pouvait plus grand-chose. Il n'a même pas fait les examens habituels, radios, bilan sanguin, mesure du souffle. Tout juste un bilan cardiaque. Sans doute voulait-il savoir si le cœur tenait encore. Le cœur ne tenait déjà plus. Il a fermé la porte de la chambre et est venu s'asseoir près d'Yvan. « Voilà, Yvan, la médecine ne peut plus rien pour toi. Les transplantations cœur-poumon ne sont pas au point. Je ne sais pas combien de temps il te reste à vivre, un jour, deux jours, une semaine, un mois, six mois ? Il vaut mieux que tu rentres chez toi te reposer et que tu continues à ton rythme. » Les choses étaient dites.

En fait, ils n'ont pas été surpris. Depuis plus de vingt ans, ils avaient tout essayé. Le yoga qu'Yvan pratiquait et enseignait l'avait aidé à développer sa capacité respiratoire et sans doute aussi à trouver son souffle. Il savait qu'on ne pourrait pas le guérir, seulement le soulager un peu. Donc ce que Roland, le pneumologue et ami, venait de leur dire, parce qu'ils avaient demandé à connaître l'exacte situation, elle et lui le savaient déjà. Mais c'était important de l'entendre de la bouche du médecin.

Quand elle est sortie de la chambre pour aller brancher la climatisation dans la voiture, il faisait déjà très chaud. Devant l'ascenseur, elle a croisé une infirmière qui poussait un chariot sur lequel un homme venait de mourir. Elle a ri nerveusement, et elle est descendue par l'escalier.

La veille de cette consultation, elle a fait un rêve : « Yvan était à l'hôpital, allongé tout habillé sur un lit. Le médecin a dit, en tournant la manette de l'oxygène, qu'il ne pourrait pas l'augmenter davantage. Puis elle s'est retrouvée auprès de ce sage indien qui a été si important pour eux, Chandra Swami. Ils étaient devant une jolie boîte blanche en carton, recouverte d'un voile orange très fin. Ensemble ils ont posé son couvercle pour la fermer. »

Quand elle a raconté son rêve à Yvan, il a simplement répondu : « Tu as de la chance, tu es toujours accompagnée ! »

Lui aussi d'ailleurs a fait un rêve le lendemain de la fameuse consultation. « J'ai rêvé du chiffre 2 ! » et il a ajouté : « Nadège, je vais mourir dans deux mois. » Comme il avait le projet de remanier un de ses manuscrits, il a demandé à sa femme de s'organiser pour que quelqu'un s'occupe de l'intendance et des enfants. Il avait besoin que Nadège soit totalement disponible pour l'aider dans cette dernière tâche.

Puis il a téléphoné en Inde à Chandra Swami, son maître, celui auprès de qui il avait compris l'essentiel, l'essentiel de sa vie. Il lui a dit que les résultats de ses analyses n'étaient pas bons, mais qu'il était tranquille, en paix, et que la mort pouvait venir. Il était content d'avoir pu lui parler. Nadège l'a senti apaisé, léger, heureux.

Ensuite il a parlé de ses funérailles. Il ne voulait plus être incinéré mais enterré au cimetière de Gordes, en pleine terre. Nadège a tout de suite téléphoné à la mairie, mais la personne en charge du cimetière n'était pas là. Il fallait rappeler plus tard.

Maintenant, silencieuse, à côté de lui dans le soir qui tombe, elle repense à sa journée. Elle l'a trouvé très essoufflé. Ce matin, elle l'a aidé comme d'habitude à se laver. Il a insisté pour qu'elle lui lave tout le corps, comme s'il avait besoin de se sentir propre des pieds à la tête. Il a demandé à mettre son « pantalon doré », un simple pantalon beige, mais avec des reflets dorés, et sa chemise bleu ciel, cadeau de son dernier anniversaire.

Ils sont doucement allés dans le salon. Il se déplaçait avec une grande lenteur, tous ses pas étaient mesurés. Elle l'a installé dans son fauteuil électrique acquis seulement quelques mois plus tôt, avec sa bouteille d'oxygène à laquelle il était relié vingt-quatre heures sur vingt-quatre. Il lui a dit : « Nadège, cela pourrait être plus rapide qu'on ne le pense. » Et puis : « Dire que je vais mourir, alors que maintenant j'aimerais rester ! » Elle a repensé à son rêve.

Elle a rappelé la personne de la mairie. Le haut-parleur était branché, si bien qu'ils ont eu une conversation à trois. On leur a proposé des emplacements dans le cimetière. « C'est ça que tu veux, chéri ? » a-t-elle demandé. Yvan a répondu : « Oui » d'une voix forte pour que la personne à l'autre bout du fil entende sa réponse. Yvan a donc choisi lui-même le lieu où il reposerait après sa mort.

Puis leur fils, David, est venu. Ils ont déjeuné ensemble, sous l'auvent.

Vers cinq heures, les membres du bureau du Relié, la maison d'édition qu'Yvan avait fondée, ont tenu leur assemblée générale dans le salon. Il y a eu beaucoup de force et d'émotion, comme si tout le monde savait que ce moment avec Yvan serait sans doute le dernier. Lui, a remis à chacun un exemplaire de son dernier livre, *L'effort et la grâce*, avec une dédicace personnelle. C'était comme un au revoir. Avec l'homme à qui il avait confié sa maison d'édition, il a eu un geste très particulier, une sorte de transmission front contre front. Par la suite Yvan n'a pas expliqué son geste. Il a seulement dit à Nadège qu'elle pouvait faire confiance à cet homme. Toute cette émotion ! Elle s'est mise à pleurer. « Yvan, ne me fais pas cela trop souvent ! » lui a-t-elle dit.

Il y a eu le dîner sous l'auvent avec David, et la visite de Roger, l'ostéopathe qui ce soir-là, malgré son emploi du temps surchargé, a senti qu'il lui fallait monter voir Yvan.

Maintenant ils rentrent se coucher. Elle l'aide à mettre son tee-shirt jaune et assis sur le bord du lit, ils parlent. Lui, parle lentement, reprenant souvent son souffle, elle, lui caresse doucement le dos pour le détendre un peu. La lumière est douce, feutrée, tranquille. Elle l'écoute, émue par ce corps décharné qui tente de reprendre son souffle tranquillement, sans panique. Elle sait qu'il n'y a rien d'autre à faire que de rester présente, en tendresse.

La chambre est spacieuse et calme avec ses murs tout blancs. On s'y sent bien. Il a passé tant d'heures là, allongé sur ce lit, ou assis à son bureau devant la baie vitrée qui donne sur le jardin planté d'oliviers. Il y a la bibliothèque en chêne clair, dans laquelle sont rangés tous ses dictionnaires et les livres auxquels il tient le plus, ainsi que ses dossiers en cours. C'est la chambre où ils ont fait l'amour si souvent, et jusqu'au bout, encore hier.

Il parle donc, le souffle court. Il parle de sa

vie, de tous les événements qui l'ont marquée, la rencontre avec son maître en Inde, la rencontre avec Nadège, la naissance de ses deux enfants. Il remercie sa femme pour sa disponibilité sans faille, cette façon qu'elle a eue de savoir s'effacer pour lui consacrer tout son temps, pour l'accompagner en toute chose depuis qu'ils se sont connus. Affaibli par sa maladie, il s'est laissé servir par elle, et elle l'a fait de bonne grâce. Ces derniers temps, il la remerciait souvent. Il aurait tant aimé pouvoir lui offrir une autre vie. A ses enfants, il répétait : « Votre mère doit être heureuse. Il faudra la laisser être heureuse, vivre sa vie de femme, elle le mérite. »

Vers une ou deux heures du matin, David qui a passé la soirée chez des amis rentre se coucher. Il monte voir son père et échange avec lui un dernier regard, léger et grave...

Ils décident alors de s'allonger et d'essayer de dormir. Ils dorment peu. Yvan bouge beaucoup, elle sent qu'il n'est pas bien. Vers trois heures du matin, il s'assoit sur le bord du lit. Elle se rapproche de lui et lui caresse à nouveau le dos pour le soulager. Son souffle est incroyablement court. Il lui dit qu'il l'aime, que tout ce qu'il a réalisé dans sa vie, c'est avec elle, grâce à son énergie, qu'il a pu le faire. Il parle encore de l'« obligation de conscience », un thème qu'il a souvent traité au cours de ses séminaires et qui lui tient à cœur. Il parle de l'éthique de la relation, puis donne quelques recommandations.

« Nadège, je vais mourir, veux-tu qu'on appelle un médecin ? »

Ce n'est pas l'angoisse qui le pousse à lui faire cette proposition mais le souci de ne pas lui imposer d'être seule avec lui au moment de sa mort.

« Non, j'y arriverais, répond-elle, car elle non plus ne ressent pas d'angoisse.

— Tu n'es pas une femme ordinaire ! »

Et, sachant combien elle a dû souffrir d'avoir à le partager avec tous les hommes et les femmes qui venaient écouter son enseignement, il ajoute : « Ma mort, c'est toi seule qui l'auras ! »

Ils récitent alors ensemble des prières et les mantras qu'ils ont reçus de leur maître en Inde : « Je prends refuge en Toi, Seigneur ! » Une très grande paix s'installe. Yvan enlève sa montre, la pose sur la table de nuit, puis ses lunettes qu'il laisse sur le lit. Enfin, il retire de ses narines les tubes qui le relient à l'oxygène et se blottit dans les bras de Nadège, comme un enfant. Une quinte de toux le secoue.

Comme si toute sa maladie sortait enfin de lui. Nadège a le sentiment étrange qu'il meurt guéri. Il ouvre alors les bras, laisse s'échapper deux râles, puis revient dans les bras de sa femme.

Elle le tient contre lui, ses bras autour de son corps si frêle, sa main posée sur son cœur. Silencieuse. Puis elle lui dit : « Je t'ai accompagné de tout mon cœur. » C'est alors que le cœur d'Yvan cesse de battre.

La lumière est douce, le jour se lève, il est à peine un peu plus de cinq heures.

Elle l'allonge sur le lit, sans effort, lui ferme les yeux. Tout cela lui paraît si simple, si naturel.

Elle sent alors qu'une partie d'elle-même aussi est morte. Rien ne sera plus pareil.

Mourir ainsi chez soi, sans souffrances et sans peurs, entouré de ceux qu'on aime, avec le sentiment de conserver sa dignité, est le vœu secret de la plupart d'entre nous. Pourtant, tout aujourd'hui s'oppose à ce vœu. La mort contemporaine est une mort solitaire, cachée, dénuée de sens.

On peut considérer que l'expérience de la mort d'Yvan relève de l'exceptionnel, mais on peut aussi s'interroger à son propos. Se demander s'il ne nous ouvre pas un possible pour cette réappropriation de la mort, et cette dignité du mourir que nous revendiquons.

C'est, en tout cas, le défi que nous nous sommes lancé, Nadège Amar et moi : montrer comment et pourquoi c'est possible.

Il faut évidemment le vouloir, vouloir mourir chez soi. Il faut une certaine confiance dans le déroulement des choses. Cela suppose un dialogue entre tous les acteurs impliqués sur la scène de mort, les médecins, l'entourage familial. Cela suppose une foi dans la vie, dans le Réel. Il faut aussi un entourage qui accepte d'accompagner jusqu'au bout.

Yvan aurait pu préférer une mort à l'hôpital, avec la sécurité que donne la proximité des médecins, sécurité qu'il faut payer d'une perte d'intimité. Bien d'autres personnes dans son cas auraient fait ce choix d'une mort médicalisée. Il était atteint d'une maladie terrible, une insuffisance respiratoire gravissime. Le fantasme de mourir étouffé est très présent, alors que c'est souvent simplement le cœur qui lâche parce qu'il n'est plus oxygéné.

Comme tous ceux qui sont atteints d'une

grave maladie pulmonaire, Yvan a eu peur de souffrir en étouffant. Il l'a exprimé à Roland, son pneumologue. Il a suffi d'une conversation ouverte avec lui pour que ce dernier le persuade qu'il n'allait pas mourir étouffé, mais d'un épuisement du cœur.

Ce dialogue où le malade peut exprimer sa peur de mourir dans d'atroces souffrances, où le médecin peut partager son expérience et rassurer, donner confiance, est très rare aujourd'hui. On voit bien à quel point il est important.

Mais Yvan Amar n'était pas quelqu'un d'ordinaire, comme nous allons le découvrir. Sa mort, paradoxalement pleine de maîtrise et d'abandon, est à l'image de sa vie. Maîtrise de soi, conscience aiguë de ce qui se joue dans ce départ et confiance infinie dans le déroulement des choses, dans ce qu'il appelait le Réel.

A l'heure où le débat sur la fin de vie se poursuit dans notre pays, où un mouvement important s'affirme en faveur d'une réappropriation de sa mort, d'une mort lucide, digne, dont on soit le sujet, on pense trop souvent que la seule façon d'arracher la mort aux médecins et de la faire sienne est de demander l'acte qui tue, l'euthanasie. On réclame le « droit de mourir » en exigeant d'un tiers qu'il nous donne la mort si nous le décidons, sans aucune conscience de ce que représente cette demande pour autrui, sans aucun sens de nos responsabilités.

Le récit de la mort d'Yvan Amar, une mort apaisée et pleine de dignité, nous provoque. Nous avons souhaité en rendre compte pour que l'expérience d'Yvan inspire chacun d'entre nous. Bien sûr, chacun aura sa propre mort « née de sa propre vie, où il connut l'amour et la misère[1] », et il ne s'agit pas d'imposer un modèle de bonne mort. Il s'agit, comme Yvan l'a fait toute sa vie, de susciter un questionnement. Une mort que l'on réclame à l'autre, parce que l'on n'a pas le courage de la vivre, est-elle vraiment une mort digne ? Peut-on parler de dignité lorsqu'on n'assume pas sa responsabilité vis-à-vis d'autrui ? Car exiger d'autrui qu'il nous donne la mort, sous couvert de compassion, c'est exiger quelque chose d'exorbitant. C'est infliger à l'autre une violence. En a-t-on suffisamment conscience ?

Il y a une autre dignité, celle qui consiste à être lucide, responsable, conscient. Préparer sa mort, oser interpeller ses médecins à propos

---

1. Rainer Maria Rilke, *Le livre de la pauvreté et de la mort*, Arfuyen, 1997.

des peurs que l'on peut avoir, laisser à ceux qui vont rester une parole de vie, une parole de bénédiction qui les aident à vivre sans nous. Un lâcher prise qui témoigne d'une capacité de dépasser ses peurs égotiques pour s'en remettre à cet au-delà de soi, que presque tout le monde perçoit et que l'on nomme de tant de façons : Dieu, la Vie, le Réel.

Yvan Amar était entièrement habité par cette question : comment éveiller la conscience du Réel ? Habité et labouré par cette question, puisqu'il n'a cessé d'y travailler lui-même, dans une grande authenticité et une grande humilité.

La mort d'Yvan est aussi le reflet de l'attitude de son entourage, et particulièrement de sa femme, Nadège. La manière dont elle l'a accompagné tout au long de sa maladie, jusqu'au dernier souffle, nous provoque, elle aussi.

Sans doute est-il difficile de mourir dignement, lorsqu'on est pris dans une conspiration du silence, lorsque nos plus proches, angoissés, assistent impuissants et muets à notre lente disparition. Lorsqu'ils ne peuvent pas ou ne veulent pas nous accompagner. Si lucide soiton, cette démission de l'entourage peut entraver notre mourir, notre « travail du trépas[1] ». Comment se mettre en paix avec soi-même et les autres, dire au revoir, transmettre quelque chose de soi et de son expérience de vie, si tout le monde prend la fuite ou fait comme si on n'allait pas mourir ?

La façon dont nous quittons ce monde dépend donc autant de la façon dont nous avons vécu que de l'attitude de ceux qui nous entourent.

1. Michel de M'Uzan, *Le travail du trépas. De l'art à la mort*, Gallimard, 1977.

A l'image d'une vie

Qui est l'homme dont nous venons de raconter la mort ? Qui est Yvan Amar ? Un penseur humaniste, un philosophe, un « instructeur » ainsi qu'il aime se présenter, un ami, un frère ?

Juif par son père, chrétien par sa mère, ouvert à la spiritualité de la « non-dualité », de l'Advaita, par sa rencontre avec un authentique maître spirituel en Inde, Yvan se situe au carrefour de trois héritages culturels. C'est sans doute ce qui a forgé chez lui cette tolérance et cette ouverture spirituelle tant saluées par ceux qui l'ont rencontré.

Tous ceux qui l'ont connu disent avoir été touchés par son humilité et son authenticité, profondément impressionnés par sa pensée, une pensée originale, éveilleuse de conscience. A son contact, on se sent plus proche de soi. Son « évidence de Dieu » pour reprendre une expression que sa femme emploie souvent, sa confiance indéfectible dans la vie, sa manière lumineuse de parler d'une spiritualité qui s'incarne dans l'ici et maintenant de la relation à l'autre attirent des hommes et des femmes en quête d'éveil. Jamais pourtant il ne se positionne comme un « maître », mais plutôt comme un « ami spirituel[1] », partageant son expérience, son art de vivre et de penser, témoignant avec force de sa foi dans le Réel, cette réalité transcendante présente au cœur de chaque être et autour de lui, dont nous avons tant la nostalgie dans le monde d'aujourd'hui.

L'attrait pour l'Inde

Yvan appartient à la génération des soixante-huitards. Il faut se souvenir de l'élan d'une jeunesse éprise de liberté, en quête de valeurs plus authentiques, décidée à changer les règles du jeu sociétal, pour comprendre ce qui anime le jeune Yvan. Il fait partie de ces jeunes gens qui ont soif de vérité et qui, pour la trouver, n'hésitent pas à franchir les frontiè-

---

1. Entretien avec Didier et Viviane Atlani du 28 juin 2004.

res, à prendre la route, à se tourner vers d'autres horizons.

C'est ainsi qu'au cours de l'été 1968, il rencontre un « routard » en tenue de *sâdhu*[1], cheveux longs, longue barbe, tunique indienne, *mâla*[2] autour du poignet, mais avec dans les yeux quelque chose qu'il voit pour la première fois : le feu, la passion. Cette rencontre avec Joël Queyras fut décisive, raconte-t-il. « Alors que nous étions assis face au soleil couchant qui se reflétait sur la mer, il me dit une chose très simple : "Tu vois, on est comme des petits récepteurs qui captent un programme en cours. Si le récepteur est ouvert, on voit le programme. S'il est fermé, on ne le voit pas, mais ça n'empêche pas le programme d'exister." Cette phrase, bien que très banale, me bouleversa au plus profond de moi et eut le pouvoir de résumer toutes mes questions en une seule : comment ouvrir le récepteur[3] ? »

Joël l'incite alors à lire *L'enseignement de Râmakrishna*, car l'ouvrage contient, selon lui, les « indications les plus précieuses concernant l'ouverture du récepteur ».

1. Moine mendiant qui sillonne les routes de l'Inde.
2. Chapelet indien.
3. Yvan Amar, *L'effort et la grâce*, Albin Michel, 1999, p. 12 (rééd. coll. « Espaces libres », 2005).

Yvan se nourrit de ce livre pendant un an puis se décide à partir en auto-stop pour les sources du Gange, au pied de l'Himalaya. Dès son arrivée, il entend à plusieurs reprises parler d'un sage, Chandra Swami, qui vit dans une île forestière près de la rivière sacrée. Une jeune Européenne lui prête le livre écrit par cet homme, aujourd'hui traduit en français sous le titre *L'art de la réalisation*[1]. Il passe la nuit à le lire, en recopie les trois quarts, puis décide de se rendre auprès de Swamiji. De sa rencontre avec cet homme hors du commun, Yvan écrit : « Il ne se passa rien d'extraordinaire, mais trois choses me frappèrent à cet instant. D'abord la beauté de cet homme m'apparut comme un témoignage incontestable : seule une expérience ultime pouvait communiquer une telle beauté. En sa présence, je sentis en outre que jamais je ne l'oublierais et que jamais je ne pourrais lui mentir. »

Une sincérité totale et une indéfectible fidélité ont marqué sa relation avec Chandra Swami.

Yvan passe donc un premier séjour de plusieurs mois dans l'ashram du sage. Une vie de

1. Chandra Swami, *L'art de la réalisation*, Albin Michel, 1985.

silence, de travail manuel, de lecture, de méditation et d'échanges avec cet homme de simplicité et de profondeur. Au fond, une vie très semblable à celle que mènent les moines dans nos monastères.

Yvan est tenté, dans les premiers temps, de devenir lui-même moine indien, *sannyasin*, de se consacrer totalement à la réalisation spirituelle. Il pense alors que renoncer au monde est la seule voie pour parvenir à un véritable accomplissement spirituel. La vie va le confronter à son véritable désir. Elle met sur son chemin une jeune femme, Nadège, dont il est amoureux et qu'il emmène avec lui chez son maître. Pendant six mois, il est confronté à un dilemme : « Je voulais à la fois être swami, et je ne voulais pas perdre la femme que j'aimais [1]. »

Chandra Swami lui donne alors la robe orange, symbole de son engagement à vivre une vie de « renonçant », mais sans exiger de lui qu'il quitte Nadège. « Il m'a mis entre les mains à la fois la robe et la femme [2]. » Cette transgression du sage indien montre à quel point il était intérieurement libre, libre de laisser Yvan libre.

1. Yvan Amar, *L'effort et la grâce*, *op. cit.*, p. 21.
2. *Ibid.*, p. 22.

Yvan revient donc en France avec sa femme et sa robe, affrontant l'incompréhension de son entourage. Comment peut-on être à la fois moine et marié ? Très vite, il range la robe dans un placard et vit officiellement avec Nadège qu'il épouse et à laquelle il donne deux enfants, une fille du nom d'Anaïs et un garçon du nom de David.

« Si Chandra Swami ne m'avait pas donné la robe, je n'aurais peut-être jamais pu voir que mon chemin était de renoncer à la renonciation [1]. »

Le risque de la vie

C'est ainsi qu'Yvan qualifie le risque pris en abandonnant ses projections sur une voie spirituelle qui représentait le danger de fuir le monde et la réalité. Il se rend compte qu'habillé de blanc, en méditation pendant des heures, enseignant le yoga auquel l'a initié Jean Klein [2], il entretient une image de yogi respecté, mais il n'est pas vraiment en accord avec

1. *Ibid.*, p. 21.
2. A lire de Jean Klein, *Transmettre la lumière*, éditions du Relié.

lui-même. Il a le sentiment de se mentir. Il cherche un « au-delà » du corps, des émotions, de la pensée, pour ne pas se confronter à ce qui est là et s'y engager. « Je commençais à pressentir qu'en réalité je cherchais une "planque" ultime, et que tous les enseignements que j'avais reçus ne l'avaient été que dans la mesure où ils cautionnaient la peur que j'avais du monde[1]. » Redoutable lucidité !

Yvan raconte qu'il a compris alors qu'il ne pouvait pas continuer à vivre une telle histoire. Il lui fallait trouver sa manière propre de vivre et d'agir. S'il la trouvait, il serait dans l'axe de son être.

« Au fond de moi, j'avais le sentiment qu'il devait exister une voie au sein du monde : une voie de l'immanence où il était possible de vivre le Réel[2]. » Une voie risquée certes, car elle implique d'abandonner cette image de grand yogi qui le porte depuis des années. Comme il le dit à sa femme : « Je joue un coup de poker : je renonce à tout ce à quoi j'ai cru pendant toutes ces années. Mais je n'abandonne pas, je renonce seulement à une certaine manière de voir. Je vais peut-être redevenir

1. Yvan Amar, *L'effort et la grâce*, *op. cit.*, p. 23.
2. *Ibid.*, p. 24.

celui dont je me moquais hier, un homme ordinaire qui regarde la télé, qui mange un steak, qui va au cinéma, qui fonctionne comme tout le monde[1]. »

L'éveil

Yvan éprouve quelque chose qu'il n'a jamais senti jusqu'alors. « J'ai senti que cette vie m'aimait, comme j'étais, tel que j'étais[2]. » Plus tard, il parlera de cette expérience comme d'une expérience d'éveil. « Aucune vision, aucune hallucination, c'était quelque chose de très simple, de concret, d'immédiat, qui me prenait à l'intérieur et que je reconnaissais. Je sentais que cette vie m'aimait[3]. »

Cet éveil, cette ouverture de conscience s'accompagnent d'une « confiance impérieuse ». Yvan sent que cette confiance, c'est sa nature. On comprend la surprise qu'il éprouve, lui qui pensait que l'éveil dont parlent les mystiques hindous était un objectif à atteindre, voilà qu'il découvre que la vie qui s'écoule d'instant en

1. *Ibid.*
2. *Ibid.*
3. *Ibid.*

instant, le changement permanent, c'est cela le Réel, et qu'il ne s'agit pas de le dépasser, mais d'être un avec le mouvement de la vie.

Il vient d'en prendre conscience : l'expérience dont parle Râmakrishna dans le livre lu avant de venir en Inde, c'est précisément cela qu'il vient de vivre. Quelque chose était là depuis toujours, mais il ne savait pas que c'était là. Quelque chose qu'il ne s'agit pas de comprendre, mais de vivre. « Je suis passé d'une incompréhension triste à une incompréhension joyeuse », écrit-il[1].

Comme bien d'autres mystiques avant lui, Yvan découvre que l'état d'être n'est pas immuable. On le perd. Cette perte est une expérience douloureuse, car on n'a plus qu'une envie, c'est de revivre cet état, de le reproduire.

Mais cette ouverture de conscience ne se reproduit pas. Elle fait son chemin dans la vie de celui qui l'a vécue, dont la responsabilité est alors de l'incarner, de collaborer avec le « processus éveillant » mis en route.

Voici comme Yvan lui-même en parle : « Rencontrer *Cela* au cœur de l'éveil, c'est surtout rencontrer son obligation, ce par quoi on devra impeccablement l'assumer. Seulement,

1. *Ibid.*, p. 26.

ce que je vivais à ce moment-là, c'était surtout la joie exubérante, je dirais presque l'ébriété de la liberté retrouvée. Quant à la sobriété, la mesure de la sagesse, je peux vous assurer qu'elle ne fut pas, pour moi, simultanément acquise avec l'illumination. Car, après environ une semaine ou deux, ces transports de joie une fois apaisés, est revenue une réalité bien quotidienne, la même... *différente.* Et il m'a fallu apprendre, pendant quelques années encore, comment intégrer dans la vie quotidienne cette illumination que, d'une certaine façon, je n'avais pu contenir... Cela relevait d'un travail, *le travail*, et apprenait à la fois la véritable humilité et la constance, parce que c'était vraiment une humiliation quotidienne, et une forme de désespoir que d'avoir au tréfonds de son être le souvenir impérissable de la révélation illuminante que "tout est Cela", et être en même temps confronté chaque jour à un corps qui ne le sent plus, à un corps qui ne l'éprouve plus, et à un esprit dont les pensées se bousculent encore[1]. »

1. Yvan Amar, *Les dix commandements intérieurs*, Albin Michel, 2004.

Les trois maîtres

Après cette expérience d'éveil, dont il a compris qu'elle ne se reproduirait plus jamais, mais qu'il fallait l'irradier, la communiquer à d'autres, Yvan entreprend un travail solitaire et se confronte à la réalité de la vie quotidienne. Il dit avoir eu trois maîtres : Chandra Swami, sa femme et sa maladie. Des maîtres insolites qui l'ont obligé à explorer sa propre voie, la voie de la relation consciente.

Chandra Swami

Il nous faut maintenant évoquer la rencontre avec cet authentique *guru* et le poids qu'elle a eu dans la vie d'Yvan.

Chandra Swami est né en 1930 dans un village du Pendjab occidental (aujourd'hui au Pakistan) où est enterré un mystique du nom de Baba Ji. Ses parents sont simples et religieux, et la ferveur spirituelle de sa mère laisse une forte empreinte sur son cœur. Enfant, il va spontanément et régulièrement méditer sur la tombe de Baba Ji. Ce détail est important, car ce mystique du XVIIe siècle deviendra le maître de son cœur, la source de son inspiration, de toutes ses expériences intérieures et de son accomplissement spirituel. Plus tard, alors qu'il poursuit des études scientifiques à l'université de Lahore, Chandra Swami rêve à plusieurs reprises de Baba Ji, et se sent appelé lui aussi à consacrer sa vie à la réalisation du divin. S'il quitte l'université pour embrasser la vie religieuse, il reste néanmoins un homme d'une grande culture, maîtrisant à la fois l'anglais, le hindi et le persan, familier des écrits de la tradition indienne, de l'islam mystique, celle des soufis, mais aussi des traditions occidentales et extrême-orientales.

Après huit ans de solitude et de méditation dans une grotte creusée dans les contreforts de l'Himalaya, Chandra Swami vient vivre dans une cabane en bois au milieu d'une île forestière, près du Gange. Il observe le silence pendant six mois par an et, le reste de l'année, il reçoit ses disciples et ses visiteurs une heure et demie par jour, en fin d'après-midi, pour ce que les Indiens appellent un *darshan*, c'est-à-dire une rencontre au cours de laquelle ils peuvent poser des questions et recevoir les réponses du maître.

A l'heure où nous écrivons ce livre, Chandra Swami vit sur les bords de la Yamuna dans un petit ashram où il reçoit des « chercheurs de vérité ». Il dit être tombé amoureux du silence. Il a donc décidé de ne plus parler du tout. Il se contente de communiquer avec les autres par l'écrit.

De l'avis de ceux qui l'ont connu, du temps où il s'exprimait oralement – et nous faisons référence ici à la préface de son livre déjà cité, *L'art de la réalisation*, écrite par Arthur Osborne, l'un de ses admirateurs américains –, Chandra Swami s'exprimait simplement, clairement, avec une grande franchise et avec conviction. « Il parlait à partir de son expérience, et c'était le secret de son charme. »

Quand il évoque sa rencontre avec Chandra Swami, Yvan tient à redonner au mot de *guru* sa véritable signification, car aujourd'hui le mot est synonyme d'escroc ou de charlatan. Il est utilisé comme une insulte pour désigner un homme qui manipule autrui et exploite le malheur des autres pour s'enrichir. L'homme qu'a rencontré Yvan est aux antipodes de la représentation que nous en donnent les médias. C'est au contraire un homme accompli, un sage, un être aimant, qui laisse chacun libre d'être lui-même. Il s'est formé autour de lui, non pas une secte, mais un ashram, c'est-à-dire un lieu de l'effort, de la discipline, un lieu de vigilance, où l'homme cherche à devenir davantage conscient, et à travers l'enseignement reçu, les pratiques spirituelles proposées, à être davantage présent à soi, à l'autre, au monde.

« En sanscrit, *guru* signifie "poids" : ce qui a du poids, ce qui est lourd... [le *guru*] donne du poids à ce qui est autour de lui, de la gravité à ce qu'il côtoie. Ainsi confère-t-il un centre de gravité aux choses, réinsère-t-il tout ce qu'il touche dans la gravitation naturelle... Le contact que j'ai eu avec lui, au-delà des mots, tenait dans cette sorte d'ancrage... C'est cette qualité de relation, de contact de réalité qui a été essentiel », raconte Yvan [1].

Vivre pendant trois ans à ses côtés a donc été un privilège. Yvan rapporte que cela l'a obligé à réviser l'idée qu'il avait du maître et ce qui l'avait fait venir en Inde le chercher : « Une vision très sommaire, surtout inspirée par mes lectures spiritualo-sentimentales d'alors et par les inévitables projections liées à mes manques et à ma mythologie personnelle. »

« Regardant en arrière aujourd'hui, écrit-il, je pense qu'il a été et reste un maître exceptionnel. Il n'enseignait pas quelque chose, il

1. Yvan Amar, *L'effort et la grâce*, *op. cit.*, p. 15.

enseignait quelqu'un : il aimait. Il m'aura fallu près de vingt ans pour qu'enfin, au travers de ce travail avec lui, quelque chose soit plus important que moi, que ma petite personne... Il ne s'est jamais adressé à mes “manques” psychologiques, affectifs, physiques, mais au “plein” : Dieu en moi. Sa présence me rappelait constamment à une obligation fondamentale : celle de rester éveillé, car être proche de lui revenait en fait à être proche de moi [1]. »

Le regard d'Yvan sur cet homme d'exception rejoint celui de tant d'autres disciples. Tous témoignent de la profondeur spirituelle d'un homme qui jamais ne cherche à aliéner ceux qui l'approchent, mais au contraire à les libérer, à les rendre responsables d'eux-mêmes.

« L'authenticité d'un maître ne se mesure pas à la quantité de disciples qu'il a près de lui, mais au nombre et à la qualité de ceux qui, ayant mené à terme l'enseignement proposé, n'ont plus besoin de lui. Ils sont devenus des adultes responsables et solidaires d'un monde qui souffre de ne pas savoir aimer. »

---

1. *Ibid.*, p. 16.

Nadège

Nadège a seize ans lorsqu'elle voit Yvan pour la première fois, sur une plage de Nice. Même si la vie les a séparés un temps, Nadège dit qu'elle a vécu cette rencontre comme un destin. C'est le sentiment que l'on éprouve lorsqu'on sent que la vie nous lie avec force à un être et que notre évolution doit se faire avec cet autre.

Nadège est une des premières épreuves sur le chemin d'Yvan. Il l'aime, il la désire, il ne conçoit pas de ne pas l'associer pleinement à ce qu'il vit. Aussi, dès qu'il la retrouve, il l'emmène en Inde, dans l'ashram de son maître. Nadège le suit. Elle fait connaissance de Chandra Swami, qui l'adopte immédiatement. Elle partage la vie de l'ashram, naturellement, comme si elle avait toujours vécu là. Une vie simple, avec ses temps de méditation, ses travaux ménagers, et l'amour d'Yvan. Aussi comprend-on que ce dernier ait été pris dans un cruel dilemme : devenir moine ou épouser Nadège ? Nous avons vu plus haut qu'il a d'abord essayé de concilier les deux : recevoir la robe de *sannyasin*, signe de son engagement spirituel, et vivre avec la femme qu'il aime.

Il l'écrira lui-même beaucoup plus tard : il comprend qu'il doit renoncer non pas à l'esprit de la voie spirituelle que lui avait ouverte son maître, mais à la forme. Il faut qu'il soit en accord avec lui-même, et cet accord passe par une vie dans le monde, une femme, un foyer, des enfants.

« C'est la vie avec ma femme et avec mes enfants qui m'a permis de ressentir les lignes conductrices par lesquelles ce qu'on appelle l'éveil ou l'illumination pouvait s'incarner de plus en plus profondément [1]. »

La maladie

Depuis son retour d'Inde, Yvan est atteint d'un asthme vieilli avec bronchite chronique qui s'aggrave d'année en année. Roland Poirier, chef de service de pneumologie à l'hôpital d'Aix-en-Provence, le prend alors en charge. C'est lui qui va le suivre et l'accompagner jusqu'à sa mort. Dès la première consultation, il sait qu'Yvan est inguérissable. Son asthme est d'une gravité exceptionnelle. « Je savais qu'il était foutu, dit Roland, qu'il allait mourir de cette insuffisance respiratoire. » Comme Yvan

1. *Ibid.*, p. 34.

est un homme à qui l'on ne raconte pas d'histoires, un homme qui ne veut pas de faux espoir, qui veut être informé honnêtement de la réalité des choses, il lui dit qu'il ne peut pas le guérir, mais qu'il fera tout pour l'aider et le soulager. Comme Yvan lui demande combien de temps il peut vivre encore, Roland lui répond qu'il ne sait pas, il se peut que ce soit court. En fait, Yvan va vivre vingt-sept ans après la première consultation.

« C'était un être d'exception ! Hors du lot ! » dit Roland qui regrette après coup de ne pas l'avoir rencontré davantage. De ne pas avoir cherché à le connaître plus.

Yvan explore évidemment toutes sortes de voies pour améliorer son état. Il essaie des régimes alimentaires, dont aucun n'a été vraiment concluant, consulte des homéopathes, reçoit les conseils d'un ami qui enseigne la médecine chinoise en Israël. Tout cela, de l'avis même de Roland Poirier, contribue certainement à l'aider. Mais ce sont incontestablement les exercices de « conscience corporelle », appris chez Jean Klein, qui vont lui permettre de continuer à vivre. C'est en 1972, alors qu'il est hospitalisé à Marseille pour une crise d'asthme aiguë, qu'Yvan appelle Jean Klein, naturopathe et enseignant de yoga. Ce dernier lui conseille de quitter l'hôpital et de venir chez lui. Pendant un an, il lui fait faire des exercices tous les jours pour maîtriser son souffle. « Il avait la capacité d'ouvrir son diaphragme, ses bronches », raconte Roland Poirier.

Lorsqu'Yvan rencontre Nadège, en 1976, il enseigne lui-même le yoga à Aix-en-Provence. Nadège raconte qu'il est alors très limité par sa maladie, ne pouvant monter les escaliers sans s'essouffler. Les marches un peu longues sont impossibles. Elle le voit passer des nuits entières à essayer de retrouver son souffle. Pourtant, malgré cette infirmité, il pratique le tir à l'arc et le sabre. Magnifique détermination à dominer son corps malade et à ne pas laisser la maladie prendre l'avantage.

Sa maladie restera toujours présente, mais Yvan n'est pas obsédé par elle. Il est vivant et seule cette vie vivante et forte en lui l'intéresse.

Dans une conférence donnée en 1987, et à laquelle j'assiste, Yvan parle de la maladie comme d'une expérience qui lui ouvre le chemin vers lui-même et vers Dieu. Il cite des grands mystiques morts d'un cancer, comme Ramana Maharshi, pour montrer que l'on peut avoir atteint un degré élevé de sagesse et de réalisation et porter une maladie. Il fait la différence entre « être malade » et « porter une maladie ». Dans le premier cas, on est en quelque sorte victime de la maladie : la peur de souffrir, la peur de mourir envahissent alors le champ de conscience. Tout tourne autour de soi ! On connaît l'égoïsme de certains malades dont l'univers se réduit aux souffrances du corps et aux traitements. Dans le deuxième cas, la maladie reste à sa place. Elle est là, on la porte, mais elle n'occupe pas toute la vie.

Au fil des années, pourtant, l'asthme s'aggrave, le poumon s'effiloche, l'oxygène fait défaut et le thorax se distend. Les effets secondaires de la cortisone se font sentir, et les os finissent par se fragiliser, faute de calcium.

Yvan souffre d'être diminué. Il ne peut pas vivre normalement, courir avec ses enfants ni jouer au ballon avec eux. A partir de 1992, Nadège doit l'aider à faire sa toilette, et quelques années plus tard, il devient dépendant de l'oxygène et déteste sortir avec sa bouteille. Tout cela le fait souffrir, mais il ne laisse pas cette souffrance le dominer. Il ne parle jamais de sa maladie, ni des désagréments qu'elle entraîne, même dans les derniers temps de sa vie, lorsqu'il souffre tant.

Avec son généraliste et ami, Pierre Barnoin, qu'il rencontre quelques années plus tard, lors de son installation à Gordes, Yvan est en confiance. Pierre se déplace dès qu'Yvan a un début d'infection. Au fil des vingt ans pendant lesquels il le suit, se crée un lien profond d'estime réciproque. Pierre dit combien il a souffert d'être impuissant devant la progression du mal chez Yvan. Il aurait tant aimé pouvoir faire quelque chose pour lui. Quand nous le questionnons, Pierre nous confie l'admiration qu'il avait pour ce patient pas ordinaire, qu'il voit encore allongé calme et tranquille dans son lit, relié à son oxygène. Tant de patients atteints d'asthme chronique – sept personnes par jour en France meurent de cette maladie – sont pétris d'angoisse à l'idée de manquer d'air !

Toujours Yvan l'accueille avec le sourire. Ils font le tour des symptômes en trois minutes, et puis ils parlent d'autre chose, de philosophie généralement. « C'est lui qui me donnait du courage ! Quand j'essayais de le rassurer, sans y croire, je pouvais lire dans les yeux d'Yvan qu'il savait que je lui racontais des histoires, mais il acceptait mes propos rassurants, sans doute par respect pour moi [1]. »

---

1. Entretien du 4 mai 2004.

En 1996, Yvan demande à être hospitalisé pour trois jours. Ce sera sa seule hospitalisation. Le bilan est mauvais. Il va falloir vivre constamment avec une bouteille d'oxygène et de la morphine, pour la douleur. Très vite, Yvan renonce à la morphine. Il dit ne pas la supporter. Il a l'impression qu'elle altère sa vigilance, et il veut garder sa conscience, sa capacité de lire et d'écrire intacte. Aussi se contentera-t-on de lui donner des antalgiques mineurs.

Roland Poirier pense que sa longue pratique des exercices de conscience corporelle hérités de la tradition hindoue lui ont permis d'abaisser le niveau de sa douleur. Les recherches actuelles sur les neurotransmetteurs et l'impact d'une conscience corporelle élargie sur la perception douloureuse semblent le confirmer.

Pourtant, ses proches et ses amis le confirment tous, Yvan souffre beaucoup dans les derniers mois de sa vie. Il souffre sans se plaindre, et quand ils rencontrent son visage pâli, tendu, au milieu duquel brillent son large sourire et ses yeux pleins de lumière, ses amis sont bouleversés. Richard Moss, son ami venu des Etats-Unis, raconte comment il l'a porté dans ses bras pour lui faire monter un escalier qu'il ne pouvait plus gravir tout seul. Il raconte comment il a senti ce corps frêle et douloureux abandonné dans ses bras, l'humilité de cet homme qui se laissait porter avec grâce, l'émotion qui l'a saisi dans ce moment si intime, où se mêlaient la vulnérabilité et la force d'un être humain.

Comment peut-il encore vivre, dans les derniers mois, lorsqu'il se casse les côtes chaque fois qu'il tousse et que sa capacité respiratoire est totalement réduite ? Roland Poirier se le demande toujours.

Yvan n'est pas un malade ordinaire. Il semble vivre d'un autre souffle. C'est sans doute pour cela qu'au lieu de l'hospitaliser, le 15 juin 1999, Roland décide de le laisser rentrer chez lui. Il sait qu'il ne le reverra pas. L'examen cardiaque a montré que le cœur n'était plus oxygéné. Il se demande comment Yvan a pu venir jusqu'à lui ce jour-là. Il se demande maintenant s'il pourra tenir pendant l'heure et demie de trajet qui sépare Aix de Gordes. Il faut rendre hommage ici à ce médecin qui a su respecter le désir de son malade de rentrer chez lui, malgré la gravité de son état. Roland dit que deux choses l'ont décidé : le désir d'Yvan et la force de Nadège. Sans elle, sans la qualité de sa présence et de son accompagnement, ce retour à domicile n'aurait pas été possible.

« Je ne veux pas mourir étouffé », dit Yvan à son ami médecin, Pierre, lorsqu'il comprend que la fin arrive. Rester maître de lui jusqu'au bout est important. Il ne veut pas céder à la panique, se voir étouffer comme un poisson hors de l'eau. Pierre le rassure, cette fois-ci à bon escient : « C'est un mauvais fantasme, ça ne se passera pas comme ça ! C'est le cœur qui va s'arrêter. Tu vas mourir d'un arrêt du cœur, tu ne seras pas en train de chercher ton souffle. » Pierre confirme ainsi ce que Roland a déjà dit.

Nous voulons saluer au passage l'attitude de ces deux médecins qui ont su aborder avec leur patient les conditions de son mourir. Nous savons qu'aujourd'hui la majorité des demandes d'en finir, d'anticiper la mort, en particulier lorsque la crainte de mourir étouffé est là, s'enracinent dans la peur que les personnes ont des conditions dans laquelle la mort surviendra. Aborder sereinement les peurs, informer et dire ce que l'on sait, promettre de ne pas abandonner et de ne pas laisser souffrir, permet d'approcher la mort plus sereinement.

On peut penser que ces paroles de médecin ont permis à Yvan de se laisser mourir tranquillement dans les bras de Nadège.

La question de l'origine de cette insuffisance respiratoire reste mystérieuse. Certes, Yvan a souffert d'une primo-infection à l'âge de deux ans. Y a-t-il une fragilité des bronches réactivée plus tard par le virus de la malaria attrapé en Inde ? Y a-t-il une origine psychosomatique ou même karmique ? Alors que son entourage le pousse à chercher à comprendre d'où vient cette maladie, Yvan ne semble pas s'intéresser à cet aspect de la question. On peut s'en étonner, mais c'est ainsi. Cela restera le mystère d'Yvan. Ce n'est pas le « pourquoi » de la maladie qui lui importe, mais le « pour quoi ? » Non pas la cause, mais la finalité.

« Sommes-nous capables de percevoir une maladie non comme un événement qui touche quelqu'un mais l'humanité entière ? J'ai pu observer dans les milieux spirituels que la maladie est souvent interprétée comme l'expression d'un désordre, d'une faute ou d'une transgression. Loin de cette vision culpabilisante et négative, nous pouvons voir la maladie comme la quête d'un passage vers l'ordre. Ce n'est que dans la mesure où je suis victime de la maladie que je peux l'interpréter comme un coup du sort pour me punir. Mais si je la vois comme l'expression de la vie qui me pousse à apprendre pour grandir, elle devient pour moi, et à travers moi, pour l'espèce entière, un moyen d'accéder à un autre niveau d'organisation, à un ordre et à une conscience plus vaste[1]. »

Pourquoi cherche-t-on toujours un sens à la maladie ? Ne peut-on accepter qu'il y ait de l'inacceptable, de l'insensé ? Pourquoi vouloir toujours tout expliquer ?

Dans l'une de ses interventions récentes, le philosophe Bertrand Vergely[2], questionnant ce besoin irrépressible de donner du sens à l'inacceptable, se demandait s'il n'y aurait pas une troisième voie entre la recherche du sens et la révolte. Accepter de ne pas comprendre, et constater simplement qu'au cœur des pires épreuves, la vie est toujours là, imprévisible, plus forte que tout. En l'écoutant, je pensais aux fleurs du désert qui se fraient mystérieusement un passage au milieu des pierres et du sable du Sahara.

---

1. Yvan Amar, *L'effort et la grâce*, *op. cit.*, p. 118.
2. Auteur de *Voyage au bout d'une vie*, Bartillat, 2004, et de *La souffrance*, Gallimard, Folio essais, 1997.

L'enseignement

A partir de juillet 1989, on commence à venir voir Yvan. Un enseignement naît. Un enseignement qui lui est propre, avec ses mots à lui. Les gens lui posent des questions et Yvan répond. Une relation s'établit qui devient le cœur de l'enseignement : « L'enseignement naissait véritablement de la relation qui s'instaurait avec les personnes qui venaient me solliciter, et non pas d'une vérité à laquelle je m'étais éveillé. »

Yvan veut que les gens qui viennent à lui se rencontrent eux-mêmes, en toute liberté. Sa capacité d'accueil est reconnue : « On pouvait venir vers lui, se sentir totalement accueilli, et on pouvait repartir », disent ses amis. « L'instructeur est un homme qui a deux portes constamment ouvertes, celle de devant qui accueille, celle de derrière qui laisse partir[1]. »

Qu'enseigne Yvan ? « J'ai vécu quelques années auprès d'un sage en Inde, et je n'en suis pas revenu hindou. Je suis revenu avec un cœur ouvert pour retraduire ici dans mon quotidien ce que j'avais vécu là-bas. Il m'a fallu

---

1. Yvan Amar, *L'effort et la grâce*, *op. cit.*, p. 53.

actualiser, dans cet environnement, l'ouverture du cœur commencée là-bas. En faire avec le temps une action appropriée au sein de ma famille, et parmi les êtres que je côtoie tous les jours. » Yvan enseigne la pratique de la « relation consciente ». Comment être présent à tout ce qui est, être disciple de ce qui est. Il ne s'agit pas de fuir la réalité, dans la quête d'une expérience spirituelle coupée du monde, mais de s'y confronter et d'apprendre de chaque moment de la vie. Yvan décourage ceux qui sont obsédés par l'« éveil ». Il voit là un danger. Il faut entrer en relation consciente avec ce qui est. C'est ce qu'il appelle la « voie du monde », la voie de l'immanence. C'est une voie exigeante, car elle oblige à sortir de son égoïsme, à prendre ses responsabilités, à tenir compte d'autrui. « Aimer, c'est être responsable, écrit Yvan. On ne peut envisager un enseignement sans être responsable de son prochain ; il n'est pas question de s'éveiller tout seul, mais de faire grandir le tout[1]. » Il ne s'agit pas de « s'éveiller » pour tirer son épingle du jeu, mais pour grandir ensemble.

« Dans mon enseignement, j'ai voulu... que

1. *Ibid.*, p. 34.

les personnes entrent en relation les unes avec les autres, qu'elles oublient un objectif personnel d'éveil, de libération, et reconnaissent qu'on ne peut grandir qu'ensemble, en prenant le risque de l'autre, en entrant en relation profonde avec l'autre dans la mesure où celui-ci est l'occasion d'aller voir ce qu'on n'est pas capable de voir tout seul[1]. »

Yvan a le don de « faire grandir ». Il sait voir en l'autre l'« or en puissance ». Il aide l'autre à aller vers lui-même. C'est cela la vraie transmission. Non pas donner quelque chose que l'autre n'a pas, mais permettre à l'autre, en votre présence, de « se souvenir » de ce qu'il est profondément. C'est pourquoi son enseignement n'a rien d'une aliénation à une pensée ou à une théorie. Non, il sait rendre libre. Et tous ses amis, tous ses élèves le reconnaissent aujourd'hui. Il a une contagion d'être. Sa liberté intérieure, sa confiance dans la vie, son amour des êtres sont contagieux.

« Il était contagieux de quelque chose, d'une force incroyable », témoigne Arnaud Desjardins[2] qui l'a rencontré quelques années avant sa mort et qui l'a invité à venir parler

---

1. *Ibid.*, p. 38.
2. Entretien du 29 mars 2004.

lors de l'assemblée générale de son association[1]. Et d'ajouter : « C'était un être totalement cohérent. Tout sonnait juste ! »

1. Association des Amis d'Hauteville, 07800 Saint-Laurent-du-Pape.

La mort au cœur de la vie

Si nous avons voulu faire le récit de la vie et de la mort d'Yvan Amar, c'est parce que l'une et l'autre, ayant été si intimement mêlées, nous questionnent.

Pourquoi finalement y a-t-il moins d'angoisse à vivre sans évacuer la pensée de la mort qu'à vivre en faisant comme si on n'allait jamais mourir ?

Pour une mort familière

La mort aujourd'hui n'est plus familière ni naturelle. On meurt à l'hôpital, seul, au lieu de mourir chez soi, au milieu des siens.

Pourtant, pendant des siècles, la mort a été naturelle et acceptée. Jusqu'à la fin du XIXe siècle, cela se passe ainsi. L'être humain se sait mortel et sent sa mort venir. Il a le temps de s'y préparer. A partir du milieu du XXe siècle, « la mort a quitté le monde des choses familières pour se retirer furtivement. La mort est désormais cachée, taboue, d'autant plus inavouable qu'elle est inacceptable, d'autant plus impensée qu'elle est insensée ». Comme nous le dit Philippe Ariès, la bonne mort, la belle mort, c'est la mort inaperçue. Tous les sondages le confirment, on ne veut pas se voir mourir. On veut mourir brutalement, d'un infarctus du myocarde ou d'une rupture d'anévrisme, ou encore dans son sommeil. Cette mort idéale permet d'éviter la souffrance, la déchéance, l'agonie ou l'angoisse devant l'inconnu de la mort.

On connaît les conséquences de ce déni de la mort. « Le déni de mort se venge en déni de vie[1]. »

La confrontation avec la mort est alors d'une violence inouïe, comme on le constate, par exemple, chez les jeunes infirmières exposées sans y être culturellement préparées à la mort des patients que les familles leur confient, faute de pouvoir les accompagner. Les sociologues s'inquiètent tous de cette place réduite

1. Damien Le Guay, *Qu'avons-nous perdu en perdant la mort ?*, Le Cerf, 2003.

que notre société accorde à la mort. Lorsqu'une société échoue à trouver un équilibre entre la vie et la mort, elle succombe, disent-ils, plus facilement à la violence ou à l'ennui. « La modernité est un exemple flagrant de civilisations qui, en ayant voulu faire l'économie de la douleur, ont évacué l'ombre, et vu proliférer de ce fait carnages et génocides tandis que dans le même temps elles étaient gagnées par un manque d'intensité existentielle[1]. »

La mort est donc perçue comme obscène, scandaleuse. C'est une agression venue du dehors. Il suffit de la nommer pour créer une tension émotive incompatible avec la vie quotidienne. Les enfants sont écartés des derniers moments, des obsèques, on ne nomme pas la mort devant eux. On préfère parler de « départ », d'« endormissement pour toujours ». On s'étonne alors qu'adultes, ils aient des phobies du voyage ou des difficultés à trouver le sommeil.

Ce déni encourage le mensonge. On veut épargner le mourant, mais, en fait, on se protège soi-même de l'émotion trop forte que déclencherait un dialogue autour de la mort.

1. Michel Maffesoli, *La part du diable*, Flammarion, Champs, 2004, p. 164.

Le mourant, de son côté, « joue à celui qui ne sait pas qu'il va mourir ». On assiste à une comédie pitoyable. Comment une personne peut-elle faire sienne une mort dont on ne lui dit rien ?

Le déni empêche d'anticiper sa mort. Stéphane Meyer, conseiller de l'ordre du Grand Orient de France, a dit récemment devant la mission parlementaire d'information sur l'accompagnement de la fin de vie : « Je suis frappé par l'immaturité de personnes de soixante ans effondrées devant la perte de leur parent de quatre-vingt-dix ans, comme pourrait l'être un enfant au décès de sa mère. C'est malheureusement la majorité des cas et c'est sans doute pour cela que vous allez être obligé de répondre à la place de nos concitoyens immatures. »

Une enquête de l'Institut national de prévention et d'éducation pour la santé a confirmé la solitude des familles qui regrettent que la mort et la souffrance des proches soient des sujets rejetés du champ social et que rien ne les prépare à affronter ce type de situations. Les personnes interrogées se plaignent du non-dit étouffant, du rejet du deuil.

Enfin, à déposséder la personne de sa mort, on l'empêche de vivre ses derniers moments.

« En effet, la mort fait encore partie de la vie d'une certaine manière. Elle l'achève et la clôture et lui permet d'arriver à une forme d'unité. L'identité d'une personne n'est en effet jamais définie tant qu'elle n'est pas close ; et le pouvoir mystérieux de la mort tient dans le fait que, tout en mettant fin à la vie (en l'anéantissant en dehors de toute perspective de foi), il lui donne pourtant valeur et sens. La scansion et la sanction de la mort forment les conditions du temps humain lui-même [1]. »

Penser la mort, c'est penser la vie

Cette parole de Kierkegaard nous rappelle ce vers de Prévert :

La mort est dans la vie, la vie aidant la mort
La vie est dans la mort, la mort aidant la vie.

Nous sommes le 12 juin 1996. Les Rencontres franco-québécoises de Notre-Dame-du-Lot, près de Gap, rassemblent quelque cinq

1. Avis n° 63 du 27 janvier 2000 du Comité consultatif national d'éthique, *Fin de vie, arrêt de vie, euthanasie.*

cents soignants. Yvan est assis sur une chaise, perdu au milieu de l'immense estrade. Un corps frêle, que l'on sent marqué par la maladie, l'essoufflement. Mais une voix profonde et chaude, une présence que l'on n'oublie pas. Plus la maladie évolue, plus Yvan témoigne. Comme s'il sentait déjà le souffle de la mort. Quand on relit les textes de ses dernières conférences, on sent qu'il a voulu déposer dans le cœur de ses auditeurs l'essentiel de sa sagesse de vie.

« Je n'ai appris qu'une seule chose : comment aimer mon prochain. » Et puis, « quand il y a l'amour, il n'y a pas la mort ». C'est ce qu'Yvan est venu dire à ces hommes et ces femmes qui prennent soin au quotidien de ceux qui sont gravement malades et qui vont mourir. Il est venu dire que « cet univers est bienveillant à notre égard », que « cette vie nous aime ». Il est venu nous rappeler nos responsabilités, celle de ne pas être victimes des événements, mais disciples, comme il a tenté lui-même d'être disciple de sa maladie, d'apprendre et de grandir à travers elle. Il vient dire combien la revendication de nos droits nous coupe du vivant. « Est-ce que je me suis éveillé au devoir que signifie être vivant, est-ce que je suis conscient de ma responsabilité vis-à-vis de ce qui m'a été confié : la vie ? » Notre devoir, rappelle-t-il, est de « faire fructifier ce qui nous a été confié ».

Quelques mois plus tard, le 2 novembre 1996. Plus de mille personnes sont venues au forum de la revue *Terre du Ciel* à Aix-les-Bains. Yvan, de plus en plus faible, mais de plus en plus présent, continue de témoigner.

« Au soir de notre vie, nous sommes jugés sur la façon dont nous avons aimé, et uniquement cela. Si nous avons fait un travail qui nous permet d'entrer de plus en plus consciemment dans l'intimité des lois secrètes de cet amour, alors quelque chose opère en nous, quelque chose de l'ordre de la conversion, qui fait que nous devenons les obligés de cet amour. Nous ne pouvons faire autrement qu'être les serviteurs de cette loi... Savons-nous accueillir l'autre, savons-nous accueillir l'étranger, savons-nous accueillir l'inconnu, sommes-nous capables du risque de l'autre, sommes-nous capables de la relation ? ... L'amour c'est une aventure, la grande aventure, l'aventure au cours de laquelle se révèle l'interdépendance de tout ce qui est. Nous ne pouvons pas faire ce chemin d'amour seuls. Découvrir que rien n'est séparé, que tout est lié et que rien ne peut venir de dehors, c'est une affaire qui nous concerne tous. Nous ne pouvons grandir qu'ensemble. Les lois qui attendent au cœur de la vie, les lois de l'amour qui font battre le cœur de la vie et lui impriment ses rythmes secrets, ce sont ces lois-là qu'il nous appartient de redécouvrir dans notre esprit, dans notre cœur, dans notre corps. Il faut que notre être tout entier soit un cœur qui batte à l'unisson de ce cœur de la vie. Tous les êtres qui ont reconnu la priorité de ces lois sont unanimes pour dire : oui, cette vie nous aime, cette vie attend que nous fassions grandir cela. Tous sont unanimes pour répondre à la question d'Einstein : "Finalement, il n'y a qu'une question importante à laquelle j'aimerais pouvoir répondre : cet univers est-il bienveillant à mon égard ?" Tous les êtres qui se sont ouverts à la vie peuvent répondre "oui"... Il vous appartient à chacun de reconnaître l'immense responsabilité de votre existence, l'importance de votre existence, de vous prendre au sérieux, de vous dire que c'est pour de bon... Il ne s'agit pas d'une question d'urgence mais d'une question de priorité. Qu'est-ce qui est prioritaire pour vous ? Est-ce que vous voulez faire de votre vie une œuvre d'art, est-ce que vous voulez mettre de la beauté dans la vie, est-ce que vous voulez ajouter quelque chose au monde ?... Ayez le souci de découvrir quelles sont les lois secrètes qui font battre le cœur du vivant. Faites de ces lois la règle de votre vie. Faites-en l'occasion de vous soumettre au divin et de devenir serviteurs de l'amour. Alors vous ferez de votre vie une poésie, un acte créateur, pas nécessairement spectaculaire, anonyme. Vous aurez quitté la grande secte des égoïstes, vous serez entré dans le grand mouvement qui amourifie. »

Ainsi au seuil de la mort, Yvan ne parle que d'une chose : l'amour !

On dit volontiers que la conscience d'être mortel aide à vivre. Accepter la mort ferait aimer la vie de façon plus profonde. Jacques Ricot, dans *Philosophie et fin de vie*, se demande : « La vie humaine serait-elle aussi féconde si elle ne connaissait pas sa limite ? »

Dans les premières années de mon expérience de psychologue dans une unité de soins palliatifs, j'ai souvent entendu dire autour de moi que ce choix de venir travailler auprès des mourants avait quelque chose de morbide. Loin d'être anxiogène et déprimant, cette présence au quotidien auprès de ceux qui vont mourir obligeait à un travail de conscience qui finalement comportait sa propre dynamique. Peu de gens le comprenaient. Il est vrai que la confrontation avec la mort peut être destructrice ou au contraire structurante selon que l'on nie la réalité de la mort ou que l'on s'y confronte. En côtoyant les médecins et les soignants qui avaient fait ce choix d'affronter la mort plutôt que de la fuir, j'ai découvert que lorsqu'on ne se défend pas contre l'angoisse et l'impuissance, lorsqu'on accepte de les regarder en face, on peut les transformer. Tout le monde sait que, sur les champs de bataille, sur les lieux d'un tremblement de terre ou pendant une épidémie, l'angoisse de mort diminue. Elle se consume. La mort, l'horreur, la destruction se consument dans l'action, dans l'amour de ceux qui sont au feu. Cette combustion de l'angoisse, quand on est sur le champ de la mort, pourrait bien être une des raisons qui permet à ceux qui accompagnent de continuer à le faire. « On choisirait de continuer à travailler à proximité de la mort pour mieux penser la vie », ai-je écrit dans *L'amour ultime.*

Une enquête que j'ai menée, en 1990, auprès de soignants en unités de soins palliatifs a montré que la proximité avec la mort change la hiérarchie des valeurs, le rapport au temps et l'attitude profonde à l'égard des êtres et des choses. L'affectif l'emporte sur l'effectif, on veut prendre son temps pour apprécier la vie, vivre l'instant présent. Cette confrontation avec le sens de la vie, cette remise en question des valeurs invitent à une forme d'ouverture, de créativité personnelle et de sublimation. « Je me sens ressourcée, enrichie, j'apprends tous les jours », me confiait une infirmière. Ainsi le choix de vivre des situations limites, où l'on se donne tout en sachant que cela expose au déchirement, serait une manière de vouloir vivre plus intensément, plus authentiquement.

On pourrait faire ici un rapprochement avec le *Memento mori* de la règle bénédictine. Le fait de côtoyer chaque jour la mort fait partie de ce que saint Benoît appelle « les outils du bien-agir ». Le *Memento mori* pousse chaque moine à intégrer à sa vie de tous les jours la conscience de la mort. Or la conscience de la mort remet en question le sens de la vie, dans la mesure où elle éclaire différemment le désir : celui-ci n'est plus orienté seulement vers un but, mais vers un sens.

Outre-Atlantique, dans la tradition amérindienne, dans laquelle chacun tente de vivre comme un guerrier, prenant le risque de vivre, on retrouve cette attitude qui consiste à s'en remettre à la mort comme conseiller. Celle-ci est représentée comme un oiseau invisible perché sur l'épaule gauche, et qui tous les matins pose la question : « Est-ce pour aujourd'hui ? Que fais-tu de ta vie ? Que veux-tu vraiment ? Es-tu en harmonie, en accord avec toi-même et avec les autres ? »

Plus que de mourir,
l'homme a peur de vivre

En évitant de penser la mort, nous évitons de penser la vie. Toutes les traditions insistent là-dessus : notre peur de mourir n'est que la peur de mourir avant d'avoir vraiment vécu.

Sogyal Rinpoché, l'auteur du *Livre tibétain de la vie et de la mort*, lors du colloque « La vie et la mort au cœur de l'expérience » que nous avons animé ensemble à l'Espace Cardin, en 1992, pour quatre cents soignants et un nombre important de malades du sida, nous le rappelait : la mort est comme un miroir. Lorsqu'on regarde dedans, c'est un visage que l'on voit, le nôtre. Et ce visage nous renvoie constamment à la vie, notre vie, nos questions les plus intimes, à nos valeurs, au sens que nous donnons à notre existence.

Maurice Zundel ne dit pas autre chose. Dans un texte remarquable, intitulé « L'expérience de la mort », il rappelle que l'angoisse devant la mort n'est autre que l'angoisse que l'homme éprouve devant l'inaccompli de sa vie : « Qu'est-ce que nous faisons de notre vie ? Nous nous cherchons, nous nous fuyons, nous nous rencontrons par intermittence et n'arrivons jamais à boucler la boucle, à nous définir nous-mêmes, à savoir qui nous sommes... On n'a pas le temps, la vie passe si vite, on est occupé par les soucis matériels ou par les divertissements... et finalement la mort arrive, et c'est devant la mort que l'on prend conscience que la vie aurait pu être quelque chose d'immense, de prodigieux, de créateur. Mais c'est trop tard... et la vie ne prend tout son relief que dans l'immense regret d'une chose inaccomplie. C'est alors que la mort, justement parce que la vie a été inaccomplie, apparaît comme un gouffre[1]. »

1. Maurice Zundel, *A l'écoute du silence*, Téqui, 1979.

Mourir quand on a vécu, ce n'est pas tout à fait mourir[1]

Je l'ai constaté tant de fois lorsque j'étais au chevet des mourants. Ceux qui ont le sentiment d'avoir vécu leur vie, de l'avoir accomplie, sont en paix face à la mort. Ce ne sont pas tant les croyances religieuses qui aident à mourir que l'épaisseur d'une vie. Et celle-ci n'a pas grand-chose à voir avec l'âge auquel on meurt.

Dans *La mort intime*, j'ai raconté cette scène où un enfant de treize ans, malade de leucémie, s'est approché du dalaï-lama qui venait clôturer un congrès sur la souffrance et la mort, à Montréal. « Je sais que je suis sur terre pour un temps limité, pour apprendre quelque chose. Lorsque j'aurai appris ce que je suis venu apprendre, je partirai. Mais dans ma tête, je ne peux pas imaginer que la vie s'arrête ! » Voilà comment un enfant condamné par la médecine a livré avec simplicité une parole sur laquelle nous devrions méditer. Une parole de sagesse, une parole de vie. Qui peut dire qu'une vie si courte soit-elle n'a pas son épaisseur, son sens ?

1. Bertrand Vergely, *La souffrance*, *op. cit.*

Dans *Le cadeau d'Hannah*, Maria Housden raconte l'agonie et la mort de sa fille âgée de trois ans[1]. Nous découvrons, en la lisant, qu'une petite fille atteinte d'une maladie mortelle peut rester joyeuse et vivante, tout en sachant qu'elle peut mourir. « Humaine et drôle, elle a vécu sa vie et sa mort, à bras-le-corps, sans peur », écrit-elle. Nous sommes touchés par cette petite fille qui aborde d'elle-même la question de la mort des enfants, puis de sa propre mort, qui aide ses parents à vivre l'inacceptable. Nous réalisons combien les enfants ont un rapport naturel et spontané avec la vie, ses joies, ses peines, à partir du moment où les adultes ne les tiennent pas à l'écart de la réalité, dans un souci de les protéger qui finalement les isole et les angoisse. Malgré ses séjours à l'hôpital, ses opérations, ses traitements, Hannah ne nous donne pas l'impression d'être une enfant malade. Sa maladie fait partie de sa vie, c'est tout. Elle va à la maternelle, reçoit ses copains chez elle, va à la piscine. C'est une petite fille étonnamment vivante. Une vie si courte soit-elle peut être pleinement vécue.

---

1. Maria Housden, *Le cadeau d'Hannah*, Presses de la Renaissance, 2004.

Si Yvan Amar meurt les yeux ouverts, s'abandonne avec confiance dans les bras de sa femme, au moment de rendre son dernier souffle, c'est qu'il est en paix. Sa philosophie et sa manière de la vivre y ont beaucoup contribué. Comment accepter, en effet, de mourir à quarante-neuf ans, sans révolte ni sentiment d'injustice ? Il faut avoir un sentiment interne d'accomplissement, sentir que l'on a pleinement vécu, donné le meilleur de soi-même, contribué à la créativité et à l'évolution des autres. Alors on est en paix avec sa vie, en paix avec les autres, et l'on peut mourir serein, même si l'on est encore jeune.

Dans *L'effort et la grâce*, Yvan cite cette phrase des *Dialogues avec l'ange* : « Ce n'est pas la mort qui est mauvaise, c'est la tâche non accomplie[1]. » De même, il aime rappeler la question que pose Jean Giono dans un de ses livres : « Qu'as-tu ajouté au monde ? »

« A notre naissance, un tout petit panneau indicateur porte cette inscription : "Tu es prié de quitter cet endroit en le laissant plus beau que tu l'as trouvé en arrivant." Celui qui œuvre dans ce sens ne meurt pas et la tâche

---

1. *Dialogues avec l'ange*, Gitta Mallasz, Aubier-Montaigne, 1990.

qu'il a accomplie perdure à jamais, quel que soit le domaine où elle s'est exercée[1]. » C'est bien ce message-là que la mort d'Yvan adresse à chacun d'entre nous : mourir quand on a vécu n'est pas tout à fait mourir.

Yvan n'a jamais nié la mort, au contraire. Très jeune déjà, il sait qu'il peut mourir dans la force de l'âge. Il sait que la maladie dont il est atteint est en quelque sorte une maladie orpheline : il n'existe pas de traitement pour la guérir. On peut tout juste l'aider à vivre le plus longtemps possible avec elle, essayer de le soulager de ses douleurs, mais c'est tout.

La conscience de pouvoir mourir d'un moment à l'autre l'habite, nourrit sa réflexion et sa quête de vérité. Il ne se raconte pas d'histoires. Loin de susciter chez lui tristesse ou colère, cette pensée au contraire le force à chercher la seule manière de faire face à la réalité : vivre chaque minute de sa vie le plus pleinement, le plus intensément possible.

C'est un appétit de vivre que cette mort

1. Yvan Amar, *L'effort et la grâce*, *op. cit.*, p. 117.

programmée fait jaillir, une joie ineffable d'être vivant et de se sentir en lien profond avec tout ce qui est. Yvan est donc un être profond et joyeux. On garde de lui cette image : des yeux qui pétillent de joie et un grand éclat de rire.

Pourtant, les moments d'angoisse et la douleur physique ne lui sont pas épargnés ; Yvan connaît les affres de l'étouffement, lorsqu'il sent que l'air manque et que les poumons ne font plus leur travail. C'est une des épreuves les pires qui soient. Les douleurs sont très vives chaque fois qu'une quinte de toux un peu plus violente lui brise les côtes. La réalité de sa souffrance n'échappe à personne, bien qu'il ne se plaigne jamais.

Yvan souffre. Mais personne ne l'a vu s'installer dans le désespoir. Comment fait-il ? Certes, l'enseignement qu'il a reçu de Jean Klein lui permet de maîtriser son souffle, de l'agrandir alors même que les alvéoles de ses poumons semblent se rétrécir. Comme nous l'avons déjà souligné plus haut, la capacité qu'il a de « gérer son souffle » est exceptionnelle. Le secret d'Yvan est sans doute ailleurs, dans la conscience d'être infiniment aimé par la vie, l'évidence de Dieu qui le porte et dans l'obligation qu'il s'est donnée de transmettre son secret à d'autres. Quel est ce secret ? Etre vivant, devenir vivant, entrer vivant dans la mort, c'est-à-dire apprécier la vie, vivre chaque instant le plus consciemment possible, oser la rencontre, assumer ses responsabilités, avancer avec confiance, cultiver la joie.

Etre vivant

« Le vrai problème n'est pas de savoir si nous vivrons après la mort, mais si nous serons vivants avant la mort. Si nous étions vivants avant la mort, en effet, s'il y avait en nous cette grandeur, cette puissance de rayonnement, où s'atteste une valeur, s'il y avait en nous une source jaillissante, si notre vie portait partout la lumière, la mort serait progressivement vaincue[1]. » Cette parole de Maurice Zundel illustre exactement le défi que relève Yvan lorsqu'il pressent sa mort. Ne pas refuser la mort, ne pas la laisser envahir le champ de sa pensée, mais vivre, aller au bout de soi-même, au bout de sa relation avec les autres.

1. Maurice Zundel, *A l'écoute du silence*, Téqui, 1979.

Apprécier la vie

Dans la confusion des valeurs et le désordre des priorités qui règnent aujourd'hui, l'homme qui va mourir et qui regarde sa mort en face sait ce qui compte et ce qui ne compte plus. Il va à l'essentiel.

Le théologien orthodoxe Olivier Clément écrivait il y a quelques années : « Sans doute faut-il de toute urgence élaborer une éthique de la mort lucide. Ne plus fuir la mort, ne plus la taire, mais reconnaître qu'elle est le fait le plus significatif de la vie, qu'elle seule peut élever l'homme au-dessus d'un certain somnambulisme. »

Nous avons tous autour de nous des témoignages de personnes qui, menacées par la mort, sortent du somnambulisme, auquel Olivier Clément fait allusion, ou d'une course angoissée à la poursuite d'objectifs décevants. Ils sont conscients de la valeur de la vie, ils semblent mieux apprécier les choses et les gens, être plus tolérants dans leurs rapports aux autres. Ils deviennent plus sages.

Je me souviens des six jeunes atteints du sida que j'ai interviewés pour un film *Une vie menacée, une vie créative*, réalisé en 1995 [1].

---

1. Vidéo diffusée par l'association Bernard Dutant – Sida et ressourcement, dont le siège est à Marseille, Maison des Associations, la Canebière, Marseille.

Quatre hommes, deux femmes. Trois d'entre eux sont morts aujourd'hui. Les trois autres vivent encore. A l'époque, le sida était mortel à court terme. Ils étaient lucides. Leur témoignage reste bouleversant.

Ce film, je suis venue le présenter à Yvan Amar en 1996. Nous l'avons regardé ensemble à Gordes, un soir d'été. Il y avait tout un groupe d'amis. Nous nous sommes interrogés sur la force et la lumière de ces témoignages. Certes, ils avaient eu un choc en apprenant leur maladie, et surtout le caractère inguérissable de leur mal et le pronostic fatal qui lui était attaché. Mais loin de les détruire, ce choc les avait élevés. Il y avait eu un retournement. Leur expérience était-elle de l'ordre de l'éveil ? La menace de mort est parfois un révélateur de notre véritable intériorité, dans la mesure où elle nous renvoie à notre capacité de nous ressouvenir de ce que nous sommes réellement. On cherche trop souvent la question du sens à l'extérieur de soi, comme si elle pouvait nous être livrée toute prête. Or le sens est en nous. Mais il s'élabore et se construit en grande partie à travers les épreuves. L'épreuve confronte donc à une vulnérabilité extrême et en même temps, au creux de cette impuissance, on assiste au surgissement d'une force insoupçonnée.

Dans son livre *Le ressort invisible*, le professeur Fischer montre comment les personnes confrontées à une maladie grave, à travers la crise qu'elles traversent, touchent parfois ce point où il y a un retournement[1]. Il s'agit du fameux ressort invisible, le ressort dont nous ignorons la force, tant que nous ne sommes pas confrontés à l'épreuve, parce que c'est précisément celle-ci qui nous met en contact avec cette force et qui nous la fait découvrir. Depuis les travaux de Boris Cyrulnik, on sait que certaines personnes disposent d'une « résilience », c'est-à-dire de la capacité de rebondir après un choc. Quand nous sommes bien-portant, face à quelqu'un qui est condamné par la médecine, nous n'imaginons pas ce ressort invisible.

En concevant le film *Une vie menacée, une vie créative*, j'ai voulu montrer qu'au-delà de la solitude, de l'épuisement, de la souffrance, des forces profondes se manifestent qui transcendent l'homme : la solidarité, la tendresse, l'humour, la foi.

Avoir trouvé ces forces profondes en soi ne signifie pas pour autant que l'épreuve est défi-

1. Gustave Nicolas Fischer, *Le ressort invisible*, Seuil, 1994. Le professeur Fischer enseigne la sociologie à Strasbourg.

nitivement dépassée. On peut connaître d'autres désespoirs qui creuseront davantage encore la conscience de sa fragilité mais ouvriront davantage aussi la capacité d'humour, de tendresse qui conduit à oser être soi.

Ainsi, Jean-Teddy, séropositif depuis vingt ans, raconte : « La maladie m'a fait comprendre que j'approchais la mort, et en même temps, c'était un éveil. C'était une naissance pour moi. Donc j'avais une nouvelle chance de voir la vie autrement. Je crois que je n'ai jamais été aussi heureux ! Je vais à l'essentiel. Je suis revenu aux petites choses simples, je communie plus facilement avec les éléments. Je crois que maintenant je tire le nectar de toutes choses. Je prends le temps de communiquer, d'échanger. On court, on court, on oublie tout ça ! »

Et Paul, qui a survécu douze ans, mais qui est mort il y a sept ans maintenant, porte ce témoignage émouvant : « La maladie est devenue l'occasion inouïe d'apprendre en un temps très court ce qui m'a semblé l'essentiel sur la vie. J'ai compris qu'elle n'était pas nécessairement contre moi, mais c'était un guide, une opportunité pour lâcher des tas de choses qui n'ont finalement aucune importance, pour aller vers quelque chose qui soit un accomplissement... puisque j'avais si peu, eh bien chaque chose que j'avais prenait tout à coup pleinement son sens. »

Paul parle de sa maladie comme d'une expérience spirituelle : « J'ai le sentiment que, quoi qu'il en soit, je vais mourir guéri, que d'ores et déjà je suis guéri... J'ai beaucoup de mal à respirer, je traverse parfois des moments de détresse physique très grande, mais cette certitude et cette joie d'être en vie, même dans la détresse, c'est encore la vie ! Ce que je sais profondément, c'est que tout cela a un sens et que j'irai vers quelque chose. Ce sentiment n'est pas une consolation, mais c'est le sentiment que l'accomplissement prend son temps, est en marche, et que c'est celui de l'univers tout entier auquel je contribue comme une goutte d'eau venant d'une source et rejoignant une rivière. Les sources et les rivières ne tarissent jamais. Elles prennent d'autre chemins. »

Je pense aussi au témoignage de ce vieux professeur américain, Morrie, atteint de la maladie de Charcot, qui décide de faire de sa longue agonie la matière d'un enseignement[1]. La télévision américaine projette un reportage sur lui, et toute l'Amérique, pays

1. Mitch Albom, *La dernière leçon*, Pocket, 2004.

où la mort est encore terriblement taboue, découvre avec stupeur qu'on peut regarder sa mort en face et en parler tranquillement. Le vieil homme a décidé de tirer le meilleur parti possible du temps qui lui reste à vivre. Il doit vivre avec cette contradiction, la douleur de se voir mourir à petit feu mais aussi la conscience « merveilleuse » d'avoir le temps de s'y préparer, de dire au revoir. « Comment diable se préparer à mourir ? » lui demande Mitch Albom, son élève qui vient le voir tous les mardis et qui tient un journal de son accompagnement. « En faisant comme les bouddhistes[1]. Tous les jours, ils font comme s'ils avaient un petit oiseau sur l'épaule qui demande : Est-ce pour aujourd'hui ? Suis-je prêt ? Est-ce que je fais tout ce qu'il faut pour être la personne que je veux être ? » répond-il, avant de préciser que la clé de tout est d'apprécier chaque moment de la vie et chaque chose, d'être présent : « Je crois à la valeur de la présence... Cela veut dire qu'il faut vraiment être avec la personne qui est là. Quand je te parle en ce

1. Le vieux professeur attribue ici aux bouddhistes une tradition qui, on l'a vu, appartient aux Amérindiens.

moment, Mitch, j'essaie de me concentrer uniquement sur ce qui se passe entre nous. Je ne pense pas à ce que nous nous sommes dit la semaine dernière. Je ne pense pas à ce qui va se passer vendredi prochain... C'est à toi que je parle. C'est à toi que je pense. »

La plupart de ceux qui ont eu une expérience de mort imminente (NDE : *near death experience*), spontanée ou à l'occasion d'un accident ou d'une opération, disent qu'ils reviennent transformés. Ils n'ont plus peur de la mort et ils prennent conscience de la valeur de la vie, ils l'apprécient. Ces expériences sont universelles. On les retrouve dans les récits de Platon, de Plotin, de Grégoire le Grand, et aujourd'hui ceux qui les vivent osent en parler.

Michel Hulin dans son livre *La face cachée du temps* parle ainsi de la métamorphose des sujets ayant vécu une NDE : « Dans l'immense majorité des cas, la peur de la mort a disparu. En même temps, celui qui est passé par une telle expérience a mesuré la vanité de l'hypocrisie de la plupart des règles qui gouvernent le jeu social. En matière de morale et de religion, il tend à répudier tout esprit d'intolérance et de conformisme. Il fait peu de cas des dogmes, des hiérarchies, de la respectabilité. Il devient plus spontanément ouvert à autrui, quel que soit son souci du qu'en-dira-t-on. Il éprouve une meilleure image de lui-même. Il sent une poussée irrésistible vers la spiritualité alors que jusque-là il pouvait être parfaitement athée. Il s'émerveille des choses simples de la nature : fleurs, animal, lever ou coucher de soleil, il veut aider les autres[1]. »

Je me souviens d'une femme athée qui quelques semaines après une opération du cœur m'a dit : « Pendant mon opération, j'ai senti que nous avons un corps spirituel, je l'ai vu. » Elle n'avait plus peur de la mort. Louis-Vincent Thomas, l'anthropoloque ami, qui a préfacé mon premier ouvrage *L'amour ultime*, et qui est mort aujourd'hui, m'avait suggéré d'évoquer le vécu des NDE, de les raconter, comme on raconterait un conte ou un mythe, aux personnes angoissées par l'approche de la mort. Il était persuadé que les malades en phase terminale pourraient y puiser un certain réconfort. J'ai eu l'occasion, à plusieurs reprises, de suivre son conseil et j'ai constaté en effet que les récits des NDE avaient un effet apaisant.

---

1. Michel Hulin, *La face cachée du temps*, Fayard, 1985.

L'esprit du plein

Que veut dire vivre pleinement ? Vivre chaque instant de sa vie le plus pleinement possible ?

La parole d'une vieille femme au seuil de sa mort me revient en mémoire : « Mon enfant, vivez tout, tout ce qui vous est donné de vivre, n'ayez pas peur, car tout, tout est un don de Dieu ! » Ultime message de sagesse lancé aux portes de la mort à la jeune psychologue que j'étais alors.

Yvan Amar vit dans la conscience de ce « plein » et interpelle les autres, sans cesse, pour qu'ils reconnaissent cette force en eux.

Dans un monde où la pensée du manque est si présente, où l'on ne cesse de nous dire qu'il faut assumer sa castration symbolique, accepter d'être limité, d'être frustré, ce langage peut surprendre. Il ne s'agit pas, bien évidemment, de remplir le vide par toutes sortes de compensations, d'accumuler les expériences dans un évitement de soi, il s'agit de reconnaître la force du plein qui est là, au cœur de nous-mêmes, et de rayonner cette force. Yvan utilise souvent la métaphore des racines capables de soulever le bitume ou des fleurs qui poussent dans le désert. « La force qui peut cela, c'est la force du plein qui aspire vers le haut, qui inspire. Ce n'est pas un soupir de réaction indignée devant le macadam qui fait grandir la fleur ; non, c'est la force du plein, c'est la bonté de la vie qui fait grandir. C'est la force-fleur qui pousse. Cette force, elle est en nous. »

Yvan toujours nous rappelle que nous « sommes des semeurs de plein » et que « s'il y a une lumière en nous, il faut qu'elle sorte, il faut qu'elle éclaire ».

On ne peut alors s'empêcher de penser au discours d'investiture de Nelson Mandela, en 1994 :

« Notre crainte la plus profonde n'est pas d'être insuffisants. Notre crainte la plus profonde est d'être puissants au-delà de toute mesure. C'est notre propre lumière, et non pas notre obscurité, qui nous fait le plus peur. Nous nous demandons : qui suis-je pour être brillant, superbe, talentueux, fabuleux ? Il faudrait plutôt demander : qui êtes-vous pour ne pas l'être ? Vous êtes enfant de Dieu ? Vous faire tout petit ne sert pas le monde. Ce n'est pas une preuve d'intelligence de se rapetisser pour éviter aux autres un sentiment d'insécurité. Nous sommes nés pour faire éclater la gloire de Dieu qui est en nous. Elle n'est pas réservée à quelques-uns ; elle est en chacun de nous, et en laissant briller notre propre lumière, inconsciemment nous donnons aux autres la permission de faire de même. Etant libérés de notre propre crainte, notre présence automatiquement libère les autres. »

Oser la rencontre

Très tôt après son expérience d'éveil, Yvan sait que celle-ci n'a de sens que si elle peut être mise au service des autres. Poursuivre un accomplissement de soi sans prendre en compte autrui n'est pas juste. Cela peut être une fuite, une lâcheté. A quoi sert de s'asseoir en lotus, de fermer les yeux et de méditer, si votre enfant souffre dans la pièce d'à côté d'être seul livré à ses jeux, si votre mari ou votre femme ne peut trouver le chemin de votre cœur, partager ses soucis, se sentir soutenu et aimé, si vos collègues de travail vous sentent absent, indisponible, si vos vieux parents ont le sentiment d'être abandonnés ? Trop de personnes aujourd'hui cherchent à fuir la dure réalité de la vie dans une « quête spirituelle ». Yvan le sait, il en est témoin, et c'est pourquoi son enseignement est centré sur cette idée forte : « C'est la relation qui nous fait grandir. »

Il faut donc prendre le « risque de l'autre », le rencontrer, car c'est la relation à l'autre qui révèle le Réel. Notre conjoint, nos parents, nos enfants, nos voisins d'immeuble, nos amis, nos employés, nos collègues, tous constituent ce qu'Yvan Amar appelle « notre inconscient extérieur ». Ils nous disent ce que nous ne pouvons pas nous dire. Ils nous confrontent sans cesse. Généralement on évite la relation, pour éviter les conflits, les souffrances, ou bien on se vit comme victime des autres. Mais on peut aussi devenir disciple.

Yvan raconte que les maîtres du Talmud enseignent à leurs élèves l'art de la relation consciente par la friction : « Trouve un autre élève et heurte-toi avec lui, frotte-toi à lui. » On retrouve le même enseignement chez les jeunes moines tibétains qui se troublent, se heurtent, récitent des sutras et se contredisent.

Yvan déplore avec tristesse ces relations qui constamment évitent la friction. On se protège et, ce faisant, on ne se rencontre pas vraiment. « Comme si, entre les relations, on avait la capacité de grandir avec de la méditation, avec du yoga, avec du zen ou je ne sais quoi, comme si on prenait un peu de vitamines pour venir ensuite dans la relation pour faire quelque chose, alors que c'est au cœur de la relation consciente, de la friction consciente que s'établit cette reconnaissance qui nous grandit[1]. »

La friction consciente, Nadège et Yvan l'ont vécue, confrontés aux difficultés que rencontrent tous les couples. « Nous avons vécu ensemble ce que vivent tous les couples avec leurs déchirures. Nous ne nous sommes rien épargné. Nous avons vingt ans de vie commune, mais maintenant je sais – nous savons – que pour nos enfants, nous avons été l'exemple d'un couple en travail, d'un vrai couple[2]. » Les enfants ont vu leurs parents se disputer, se déchirer, être parfois sur le point de se séparer, mais travailler ensemble, avec intelligence, générosité, tendresse et trouver enfin le lieu de la croissance, d'un vrai grandir ensemble. Ils ont un exemple, une valeur et une force en eux parce qu'ils savent que par un travail d'attention à l'autre on peut grandir ensemble.

Vivre la relation à l'autre consciemment, sans éviter la friction, conduit à reconnaître ce que les hindous appellent la « non-dualité », l'unité

1. Yvan Amar, *L'effort et la grâce*, *op. cit.*, p. 62.
2. *Ibid.*, p. 64.

de toutes choses et de tous les êtres. Il n'y a pas moi et un autre, mais un « tissu du relié conscient de l'univers tout entier, dans la grande trame cosmique, la *lilâ* des mondes infinis [1] ».

Prendre le risque de l'autre, oser la rencontre suppose de laisser tomber ses barrières défensives, de se mettre à nu, d'assumer sa vulnérabilité ou son impuissance. Il y a alors une fécondité de la rencontre : une communion intime qui donne accès à une dimension profonde de la vie. La prise de risque dans la rencontre avec l'autre, Yvan l'enseigne, Yvan la vit.

Nous avons souvent constaté, en côtoyant des personnes gravement malades ou mourantes, que la vulnérabilité ouvre à la rencontre. L'autre qui souffre et va mourir me renvoie à ma propre humanité d'être mortel. Moi aussi, je serai un jour à cette place-là, souffrant et mourant, moi aussi je ne suis que de passage sur la terre et il m'appartient de donner du sens à mon existence. Lorsque les barrières défensives que nous mettons entre nous pour nous protéger disparaissent, lorsque nous risquons la rencontre de cœur à cœur, la conscience de ce qui nous unit nous procure alors une joie que l'on peut qualifier de spirituelle.

---

1. *Ibid.*, p. 49. *Lilâ* : jeu divin.

Lorsque je travaillais comme psychologue dans une unité de soins palliatifs, nous avons reçu une jeune femme atteinte d'une tumeur au cou inopérable. La jeune femme, d'origine asiatique, était dans un grand espoir de guérison et relativement confiante. Je me souviens qu'elle disait souvent qu'elle était dans la main de Dieu. Cette confiance d'ailleurs déroutait l'équipe soignante. Il est difficile d'être en face d'une personne qui garde espoir dans sa guérison lorsqu'on sait parfaitement qu'elle va mourir, parce qu'on a tous les éléments objectifs, parce que notre logique nous dit qu'elle est dans ses derniers moments. Plusieurs semaines ont passé. Son état était stationnaire et les médecins ont même eu l'impression qu'elle allait mieux. Alors ils ont décidé de tenter une nouvelle chirurgie. Elle est donc sortie du service de soins palliatifs pour entrer dans une clinique chirurgicale. Les chirurgiens ont ouvert, puis refermé immédiatement. Ce n'était pas possible d'opérer. La jeune femme a été informée de cette impossibilité, puis on l'a renvoyée vers le service des soins palliatifs. L'infirmière qui l'a accueillie est venue ensuite me raconter la chose suivante.

Alors qu'elle installe la jeune femme dans son lit, celle-ci la regarde droit dans les yeux et lui demande : « Dis-moi, est-ce que je vais mourir ? » L'infirmière se sent alors comme aspirée au fond d'un puits. Elle sent que tout se défait en elle. Elle ne sait pas quoi répondre, ni que faire. Elle reste muette, mais elle reste là. Elle soutient le regard de sa patiente, garde sa main dans la sienne. Tout à coup, des larmes lui montent aux yeux. Elle n'essaie pas de fuir, ni de cacher ses larmes, ni de sortir de cette situation par une pirouette. Elle reste là, vraie. Elle sent qu'il ne s'agit pas tant de « dire la vérité » que d'« être vrai ». Elle reste donc vraie, c'est-à-dire en contact avec son sentiment du moment, un sentiment d'impuissance pure. Alors la jeune femme lui dit : « J'ai compris... Je te remercie... Maintenant, parlons d'autre chose ! »

Finalement, l'histoire est représentative de bien d'autres situations similaires. Un malade, au bout d'un certain temps, prend conscience qu'il va mourir. Il porte souvent cette conscience dans une grande solitude. Il cherche à la partager avec quelqu'un d'autre. Parfois, la quête de partage prend la forme d'une question, comme nous venons de le voir, question qui ne demande pas de réponse. Elle est là seulement pour jeter un pont. Et la plupart du temps nous nous dérobons. Nous avons peur de la souffrance de l'autre, de nous désintégrer dans cette souffrance. Nous avons peur de nos émotions, de nos larmes, de notre propre vulnérabilité. Mais si, en face de la question qui tente de jeter un pont, il y a quelqu'un pour l'accueillir à partir de sa vulnérabilité, alors le pont est établi et les piliers de chaque côté se renforcent mutuellement.

Le paradoxe de la situation, c'est que montrer à un patient que l'on est démuni, ému, vulnérable, loin de l'affaiblir, lui permet au contraire d'accepter sa condition humaine et la difficulté de son destin. Car en osant rester là, au cœur de son impuissance, il se produit une communion intime. L'effondrement de nos stratégies défensives peut être une grâce, une bénédiction, lorsque nous osons partager nos sentiments avec nos patients. Ne faut-il pas accepter d'être nu devant l'autre, abaisser ses barrières, entrer dans son impuissance et s'en servir comme d'un tremplin qui propulse dans un moment de rencontre authentique ? Alors ce n'est plus une relation entre une personne forte de son soi-disant pouvoir ou de son soi-disant savoir et une personne affaiblie et impuissante. C'est une relation entre deux personnes qui souffrent, chacune à leur manière, de leur condition d'être mortel.

Martin Buber a merveilleusement décrit le passage de la relation « Je-ça », où l'autre est objectivé comme différent de soi, à la relation « Je-tu », où l'on devient conscient de ce qui relie tous les humains, « la *lilâ* des mondes infinis » chère à Yvan.

Il y a une fécondité de ces rencontres dans la compassion. La spontanéité de la réponse émotionnelle de l'infirmière a créé un lien de solidarité dans la souffrance avec sa patiente, au moment où précisément celle-ci pouvait se sentir profondément seule.

Etre responsable

Le corollaire de la « relation consciente », c'est le sens de sa responsabilité vis-à-vis d'autrui.

« Aujourd'hui, la spiritualité est sociale, elle est politique. Prier, c'est faire ce que l'on doit. » Yvan ne peut pas mieux définir le champ du « grandir » spirituel. Ce n'est pas en méditant au bord du Gange que l'individu occidental contribue à sa propre transformation et à celle des autres. C'est en étant sur le terrain ordinaire qui est le sien, sa famille, son travail, la vie de la cité, la vie associative.

Il n'y a pas d'évolution spirituelle sans « conscience solidaire ». Et celle-ci est nécessairement politique, nous dit Yvan. Nous ne pouvons pas évoluer seul, nous ne pouvons pas nous transformer tout seul dans notre coin. Quand on ressent profondément la dette que l'on a envers la vie, on ne peut plus être habité par des « revendications de nos petits droits » : « Le droit au bonheur est dépassé ; lorsque nous en sommes là, ce n'est plus le droit au bonheur qui prime, c'est le devoir de rendre vivant, et le vivant ne se préoccupe pas de bonheur personnel. Je ne suis pas ici pour être heureux, ni pour rendre heureux, je suis ici pour assumer la responsabilité d'une vision et pour la partager. Etre responsable, c'est avoir abandonné toute revendication de propriétaire. C'est être serviteur de la vie, serviteur d'une intention qui fait prendre conscience à quel point nous sommes responsables de ce qui est là, tout en n'étant propriétaire de rien... »

Sommes-nous vraiment propriétaire de notre vie, de notre mort ?

On peut être choqué aujourd'hui lorsqu'on entend un certain discours autour du slogan : « Notre mort nous appartient. » On se souvient du manifeste publié par le journal *France-Soir*, le 12 janvier 1999. Cent trente-deux personnalités signent la déclaration suivante : « Nous voulons pouvoir choisir le moment de notre mort et la manière de mourir. Nous voulons mourir dans la dignité. » Nous voulons rester sujets de notre mort, nous ne voulons pas qu'on nous la vole. Cette revendication de liberté suscite une émotion certaine. Quand on est bien-portant, la pensée de vivre une agonie affreuse et interminable, de sombrer dans la déchéance, de perdre le contrôle de soi et la maîtrise de son destin, de devenir une charge pour les siens, est proprement insupportable. On veut une mort propre, aseptisée, rapide.

Au-delà de l'émotion qu'elle suscite, cette revendication de liberté se heurte à la question de la responsabilité. Car dès lors que l'exigence de voir sa liberté honorée implique un tiers, auquel on demande de mettre un terme à la vie, en clair de tuer, la question de la violence que l'on impose à l'autre se pose. Quel fardeau fait-on peser sur lui ? « Quand on est jeune et qu'on pratique des euthanasies, il faut avoir le moral et le cœur bien accrochés... Lorsque je me suis rendu compte que ça commençait à me coûter cher, physiquement, moralement et humainement, j'ai craqué. J'avais de plus en plus de cauchemars, du cafard et ma santé s'en ressentait », écrit une infirmière qui raconte avoir pratiqué de nombreuses euthanasies.

« On sait que les personnes qui tuent, que ce soient des soldats ou des bourreaux, sont marquées à vie... Une personne qui a pratiqué l'euthanasie ne s'en sort pas indemne. Elle se souvient, elle se demande si elle a bien fait », affirmait un médecin lors d'un débat télévisé sur la mort dans la dignité. Vincent Meininger, chef d'un service qui accueille les malades atteints de la sclérose latérale amyotrophique, me disait il y a quelques années : « Une euthanasie, c'est quelque chose de psychologiquement extrêmement violent. On n'insistera jamais assez sur le syndrome des restants, la douleur de ceux qui restent, leur solitude. »

La liberté implique une responsabilité. C'est ce qu'Yvan n'a cessé de répéter. Sa dignité, il ne la plaçait pas dans une revendication personnelle de maîtrise ou de contrôle, mais dans sa capacité à assumer sa responsabilité vis-à-vis d'autrui. Certes, il pesait sur Nadège et ses enfants, à cause de sa maladie. Mais il aurait pesé encore plus lourd sur eux s'il avait anticipé sa mort, pour une pseudo-dignité. Alors il se faisait le plus léger possible, essayant de rayonner la joie de vivre qui l'habitait, remerciant chaque fois qu'il en avait l'occasion tous ceux qui lui venaient en aide. Sa dépendance était devenue l'occasion de rencontres profondes, l'occasion de recevoir des autres, de se laisser porter par eux. Aucun de ceux qui l'ont ainsi soutenu, porté ne le regrette aujourd'hui.

Le propre de la vie, c'est la marche

Sans doute parce qu'il avait une épée de Damoclès suspendue au-dessus de sa tête, Yvan a-t-il senti que vivre, c'est aller de l'avant.

Au moment crucial de la pandémie du sida, lorsque nos jeunes gens séropositifs découvraient qu'ils n'avaient plus que deux à cinq ans à vivre, j'ai fondé une association pour les aider psychologiquement et spirituellement[1]. Il s'agissait de leur permettre de ne pas être paralysés par la menace de mort qui pesait sur eux, ni de mourir avant de mourir. Il s'agissait de les aider à rester vivants jusqu'au bout. Avec Jean-Louis Terrangle[2], nous avons réfléchi à ce

1. L'association Bernard Dutant – Sida et ressourcement, déjà citée.

2. Jean-Louis Terrangle est actuellement psychothérapeute à Lyon. Il a publié *La caresse de l'ange*, Presses de la Renaissance, 2002.

que nous pouvions leur proposer. Nous avons travaillé sur deux concepts, le contact et la marche. Rester en contact, avec soi-même, avec les autres, avec la nature, et rester « en marche ». Continuer à avancer, aller vers le nouveau, garder l'esprit de curiosité et d'éveil. Nous avons organisé des marches, parfois en pays lointains, dans le désert. La portée symbolique de la marche est forte. Tous ceux qui y ont participé nous l'ont dit. Ils revenaient plus forts, plus confiants, plus vivants.

Bien évidemment Yvan Amar ne peut pas marcher, faire de randonnée. Il s'essouffle vite. Mais c'est un homme en marche, un homme debout, un homme qui se remet en question, car la vie est mouvement. Lorsqu'il anime un séminaire sur les Béatitudes, il rappelle, comme l'a fait Chouraki avant lui, que la véritable traduction du mot hébreu *ashreï* au début du sermon sur la Montagne n'est pas « heureux » mais « en marche ». Non pas « heureux les simples » mais « en marche les simples », et le mot hébreu *heber* désigne entre autres l'« homme qui marche ».

« Nous sommes faits non seulement pour être debout, mais aussi et surtout pour être en marche, poussés et habités par cette force du plein qui est bonté, compassion en action, dit

Yvan. C'est une chose qui a été pour moi la surprise absolue. J'ai longtemps vécu en Inde auprès d'un sage et j'entretenais une vision de la spiritualité où il fallait absolument transcender le monde, atteindre cet immuable où tout est silence, paix absolue, repos éternel, où tout ce qui était mouvements, sensations, pensées, émotions devait être banni ou à dépasser. La grande surprise a été que la réalité se trouvait là où je la fuyais. Cette cavalcade du temps, cette cascade de la vie, cette course infinie, ce mouvement de joie est réalité ; seule notre peur nous fait nous contracter au sein de ce déploiement [1]. »

Le vécu de confiance

S'abandonner avec confiance à la mort qui vient n'est pas donné à tout le monde. Il faut avoir éprouvé dans sa vie qu'à partir du moment où l'on fait confiance à la vie, celle-ci devient en quelque sorte notre obligée : elle ne nous laisse pas tomber. J'aime bien la façon dont Nadège Amar dit que la mort d'Yvan l'a rendue « amie de la vie ». Bien des êtres font

1. Yvan Amar, *L'effort et la grâce*, *op. cit.*, p. 54.

un jour une expérience qui leur fait sentir combien ils sont portés par la vie.

Yvan dans son enseignement de « conscience corporelle » proposait un exercice merveilleux à ses étudiants. Imaginez deux personnes debout l'une derrière l'autre. Celle qui est devant est invitée à se laisser tomber en arrière, à laisser son dos arriver dans les mains de la personne située derrière elle. Celle-ci se voit confier l'immense responsabilité d'accueillir la personne qui s'abandonne ainsi avec confiance, et de ne pas la laisser tomber. L'exercice fait vivre de l'intérieur combien l'abandon confiant à l'autre éveille chez celui-ci l'obligation absolue d'accueillir. On est toujours l'obligé de celui qui s'abandonne à nous avec confiance.

Les soignants le savent bien, lorsqu'ils prennent soin des plus vulnérables, les personnes âgées, mourantes, handicapées, dépendantes. « Les corps rompus, au bord de l'infini [1] » sont alors confiés à leurs mains. Il leur incombe de rendre à ces corps leur vécu intime d'unité, de dignité, d'intégrité. Ils le peuvent, et c'est là toute la beauté et la noblesse du soin. Par leurs

1. Expression utilisée par François Mitterrand dans sa préface à *La mort intime.*

gestes, leur manière de toucher, de regarder, ils peuvent accueillir et confirmer l'autre dans son humanité. Lorsque leur malade s'abandonne avec confiance à leurs mains, les soignants sentent combien ils sont alors sollicités dans leur humanité. Ils ne peuvent plus être indifférents ou brutaux. L'autre, dans sa confiance, fait appel au meilleur d'eux-mêmes. Leurs gestes sont alors imprégnés de conscience, de respect, de tact.

L'être humain vulnérable, aux mains d'un autre qui le porte et le soigne avec attention, est une métaphore du lien de confiance qui nous relie à la vie. La confiance est réciproque. Yvan nous le rappelle : « Prenez ce risque magnifique de sentir que, si vous êtes là, c'est parce que la vie a sacrément confiance en vous. Ce n'est pas à vous de faire confiance à la vie. Si vous êtes là, c'est la preuve que la vie vous aime, que la vie a confiance en vous et que la vie a besoin de vous. »

Nous imaginons trop souvent que celui qui souffre et qui va mourir n'a pas la force de vivre ce qui lui arrive. Nous l'infantilisons, nous le surprotégeons. Nous ne nous demandons pas si ceux-là, à travers l'expérience qui est la leur, ne touchent pas un lieu intime, au fond d'eux-mêmes, dans lequel ils vont trouver la force de vivre ce qu'ils ont à vivre.

Yvan nous invite à avoir confiance dans la force intérieure, qui ne se voit pas toujours de l'extérieur, mais qui est là dans les profondeurs. Qui sait ? Peut-être l'autre attend de notre part cette confiance ? Une confiance qui va l'aider à trouver le chemin de sa propre confiance.

Je me demande souvent comment une personne en fin de vie, consciente de sa détérioration et de l'échéance proche de sa mort, peut vivre sa vie jusqu'au bout quand elle est entourée de personnes qui ont peur pour elle et qui ne voient dans les derniers moments d'une vie qu'horreur, indignité, attente pénible de la mort ? Comment peut-elle avoir la moindre chance de sentir qu'à travers cette épreuve peut se vivre autre chose ?

Nous avons donc une responsabilité humaine, et Yvan Amar ne cesse de nous le rappeler : nous ne pouvons empêcher la souffrance de l'autre, mais nous avons une responsabilité dans le regard que nous portons sur lui. Si, au lieu de tout aplatir par un discours d'angoisse, nous pouvions au moins laisser une petite fenêtre ouverte sur le fait que quelque chose peut se produire, même au tout dernier moment, même à la toute dernière seconde, les personnes en fin de vie alors se sentiraient moins seules.

Je reste persuadée que face à la mort de l'autre, contre laquelle on ne peut rien, et qui nous laisse démuni et impuissant, il n'y a que deux choses que nous puissions faire : rester présent et garder confiance. La présence confiante est comme une peau protectrice et bienveillante qui fait du bien. Elle vient entourer celui qui a perdu toutes ses défenses vitales au seuil de la mort. Elle l'aide à lâcher prise, à s'abandonner doucement et à trouver en son for intérieur les ressources dont il a besoin.

Dans la conclusion de *L'effort et la grâce*, Yvan Amar écrit : « Après toutes ces années, tout ce qui pouvait ressembler à une protection, à une sécurité, à un savoir spirituel rassurant disparaît... On reste l'être de mystère qu'on était en naissant. La grande conversion, c'est d'arriver à transformer la peur qu'on éprouve face à ce mystère, surtout lorsqu'on est soumis, comme je le suis depuis plusieurs années, à la maladie, à l'évolution d'un mal qui semble inexorable. A l'approche de la mort, le fait de connaître cette peur et cette inquiétude met d'autant plus en valeur ce que la spiritualité chrétienne en particulier, mais aussi toutes les autres, appelle la foi. Une foi qui ne repose justement plus sur rien, sur aucune connaissance, aucune sécurité... On ne peut rien changer à cette vérité profonde que nous ne sommes rien, que rien n'a de sens, que rien n'a de finalité autre que d'être ce qui est. Arriver à vivre avec cette absence de sens renvoie à la profondeur de notre foi. C'est alors qu'on devient humble : ce n'est pas tout ce qu'on a acquis, tout ce qu'on sait ni même ce qu'on a expérimenté qui compte, mais ce qu'on est, ce qui est... Le vécu de la foi, ce vécu dans l'homme qui reste quand tout lui échappe, c'est cela la hauteur de l'accomplissement d'une vie d'homme qui n'a plus besoin d'étiquettes, de religion, de philosophie... En traversant les expériences les plus dévastatrices, les plus déroutantes, les plus impressionnantes, [l'être humain] peut-il s'appuyer sur rien ? Garder le rien comme fondement ? Garder l'incompréhension, le mystère, l'absence de sens et pouvoir vivre sans rien demander, c'est cela la foi... on est rien, mais c'est sur ce rien que tout se bâtit. On ne peut qu'oser prendre le risque de l'immense et de l'inconnu, oser la foi. »

Vivre la joie

« La joie est la paix en mouvement, la paix est la joie au repos », écrit Yvan.

C'est sa joie, son rire qui restent dans l'esprit de ceux qui pensent à lui. Une joie qui ne l'a jamais quitté, même lorsqu'il souffrait tant dans ses derniers moments. Très justement, il fait le lien entre la joie et la paix. Quand on est en paix avec sa vie, avec soi, avec les autres, alors la joie est là.

Cette dimension de la joie, au seuil de la mort, notre société a bien du mal à la reconnaître. La mort évoque la tristesse, le chagrin, les larmes, ou bien le silence de mort.

Déjà dans *La mort intime*, j'avais essayé de témoigner de la joie parfois rencontrée dans le regard de ceux qui partent apaisés comme vers une ouverture de lumière. Quelques mois après la parution du livre, j'ai reçu la lettre d'une femme qui venait d'accompagner son père : « Je repense aux derniers instants de mon père. J'ai eu la chance d'être là quand il m'a demandé s'il allait mourir avec tant d'angoisse dans les yeux. Personne n'avait eu le courage de lui dire. Je l'ai regardé bien en face en souriant, main dans la main, et je lui ai dis : “Oui, tu vas mourir, mais je suis là et je t'aime. On ne se quittera pas. L'amour est plus fort que tout et ne nous séparera jamais." J'ai vu mon père se transformer, se redresser même dans son lit et quelle joie dans le regard. Je l'ai senti libéré d'un coup et prêt à partir. »

C'est un témoignage vécu. Nous avons du mal à entendre que, dans un moment aussi douloureux que la mort d'un père que l'on aime, il puisse y avoir de la joie. Parce que cette femme a su entrer dans la question intime de son père, elle a su rester proche, elle l'a aidé à accepter sa fin inévitable. C'est le courage de la vérité et la confiance dans l'infinitude de l'amour qui donnent la paix et la force de mourir.

Entrer vivant dans la mort

L'approche de la mort semble marquée par un paradoxe : c'est au moment où la vie nous quitte que nous pressentons le plus que nous sommes cette vie et non pas un futur cadavre, un corps biologique qui part en morceaux et auquel nous nous sommes identifié si longtemps. C'est au moment où l'on accepte l'inévitable fin que se produit un mouvement paradoxal, une envie de vivre, un regain d'énergie, une appétence relationnelle d'une puissance qui parfois surprend.

Ce mouvement paradoxal – appelé communément le mieux de la fin – correspondrait pour le psychanalyste Michel de M'Uzan à un dernier travail psychique (le travail du trépas), travail d'accouchement de soi, puisqu'il parle de « tentative de se mettre complètement au monde avant de disparaître ».

Nous ne pouvons pas ne pas rapprocher un tel constat de ce qu'écrit saint Paul dans la seconde épître aux Corinthiens : « Tandis que notre homme extérieur s'en va en ruine, notre homme intérieur se renouvelle de jour en jour. » Paul nous dit là, à sa manière, ce que nous constatons, pour peu que nous ayons nos antennes sorties, que nous laissions tomber nos préjugés, pour peu que nous acceptions qu'il se passe quelque chose au-delà des apparences. Or que constatons-nous ?

La phase terminale d'une maladie n'est pas, comme certains le disent, un moment de détachement pur et simple des choses de la vie. C'est vrai, le corps se dégrade, et l'exemple d'Yvan nous le montre. C'est vrai, le mourant vit une succession de deuils. Il doit souvent renoncer à ses activités, à son image, à ses projets d'avenir. Son univers se rétrécit. Mais, en même temps, l'énergie psychique qui était investie dans tous ces objets perdus est prête à s'investir ailleurs. Un plan de l'existence demeure, celui de la vie intérieure, intime, spirituelle, celui de la relation à soi et à l'autre. Ce plan de l'existence ne relève pas tant du « faire » que de l'« être ». Il a souvent été négligé, insuffisamment exploré. Or pourquoi ne pas considérer l'approche de la mort comme un temps où l'« homme intérieur » peut se développer, s'accomplir, un temps de maturation, d'élaboration, un temps où il peut se passer des choses importantes, même si ces choses sont discrètes et subtiles, un temps d'intense activité psychique et de grande exigence relationnelle ? Alors qu'on a tendance à croire que ce temps ne peut être qu'un temps d'attente vide, inutile, pénible, un temps où il ne peut rien se passer. Combien de personnes témoignent de la force des derniers échanges avec un être cher qui va mourir ? Daniel Sibony, lors d'une conférence au temple de l'Etoile à Paris, en 1996, disait : « Les mourants deviennent nimbés de bonté, puisqu'ils n'ont plus rien à perdre ! »

Il serait faux d'interpréter cela comme une façon de se raccrocher à la vie et un refus de lâcher prise. Il s'agit de tout le contraire. Pour se détacher, il faut avoir possédé pleinement, il faut avoir joui de la vie pleinement, consciemment. Ce qui attache nos grands vieillards qui n'arrivent pas à mourir dans nos services de gériatrie ou nos maisons de retraite n'est-ce pas la frustration, le regret, la nostalgie de tout ce qui n'a pas été vécu ? Ceux, au contraire, qui ont vécu pleinement et intensément leur vie, les joies comme les peines, vont vers la mort comme vers une ouverture de lumière.

Je pense ainsi à ce vieil homme qui me disait : « Quand on n'a pas de regrets, on ne peut être que plein d'espérance. » Peut-être en effet que lorsqu'on est vraiment dans la vie, la question de la mort ne se pose plus. C'est ce que j'ai souvent observé chez ceux qui entrent vivants dans leur mort. Il n'est plus question que de vie !

Quand la mort n'est pas réduite à une catastrophe biologique, qu'elle est acceptée comme un événement, mystérieux certes, mais un événement tout de même, il se produit ce que Christian Bobin décrit si bien dans *L'épuisement* : « Un événement, c'est quand la vie rentre dans notre vie, comme un fleuve soudainement en crue pénétrant dans un village pour y soulever les plus importantes bâtisses comme brins de paille[1]. »

Le fameux « travail du trépas », c'est cela, quand la vie s'engouffre dans le peu de temps qui reste et transforme tout.

1. Christian Bobin, *L'épuisement*, Le Temps qu'il fait, 1994.

Mourir accompagné

« Nous le savons bien, quand un être proche est frappé à mort, toute parole, tout geste risque d'être le dernier. Le plus petit signe d'attention se charge alors de tout le poids de la communion humaine, cette communion dont nous avons la nostalgie, et que presque toujours nous manquons », a dit, un jour, Olivier Clément. La façon dont on meurt ne dépend pas seulement de la vie vécue. Elle dépend aussi de la manière dont on est accompagné. La mort d'Yvan, lucide, les yeux ouverts, accompagné, nous provoque. Il faut dire que nous sommes là à contre-courant du mouvement qui domine dans notre société.

Car ce qui caractérise nos sociétés contemporaines, dont le mode de fonctionnement, depuis le siècle des Lumières, repose sur l'autonomie de l'individu, est l'individualisme. La mort n'est donc plus un événement communautaire. On meurt seul, presque en cachette. La canicule du mois d'août 2003 nous l'a tristement révélé.

Louis-Vincent Thomas a longuement commenté dans ses ouvrages la « désolidarisation-démission », l'« escamotage des mourants ». A la solidarité qui se manifestait autrefois autour des mourants s'est substitué un chacun pour soi qui n'encourage pas à faire confiance aux autres. On préfère compter sur soi. D'où le désir d'autonomie croissant et le sentiment que l'on est seul finalement à juger de sa dignité.

Cet individualisme conduit donc à nous penser seuls, seuls face à nos destins individuels. Nous y avons certainement gagné en liberté, mais au prix d'une grande solitude. Pourtant, lorsqu'on interroge les gens, on constate que personne ne veut mourir seul. Le souhait intime, profond de la plupart d'entre nous est de mourir accompagné.

Si la mort d'Yvan Amar est à nos yeux exemplaire, c'est aussi parce que Nadège a assumé pleinement et consciemment son rôle d'accompagnatrice. Ecoutons son récit : « Dès notre rencontre, Yvan ne m'a pas caché qu'il portait une maladie grave. Il pensait mourir dans les deux ans. J'ai donc vécu près de lui, consciente qu'il ne serait pas toujours là, qu'il pouvait mourir d'un jour à l'autre. Cette conscience a donné à notre vie de couple une profondeur particulière. Une vie qui a commencé un après-midi d'été, sur la plage de Nice. »

Nadège a seize ans. Elle croise un jeune homme dont elle n'oubliera pas le visage. « Dès que je l'ai vu, une voix intérieure m'a soufflé : "C'est lui !" » Elle sait que son destin se noue dans cette courte entrevue. Pourtant, ce n'est pas tout de suite que leurs chemins vont se rejoindre. Yvan part pour de grands voyages, Nadège s'engage dans un mariage qui ne va pas durer. Il leur faudra attendre huit ans.

« Un jour, alors que j'étais chez mon père, j'ai rencontré un certain Jean Klein, naturopathe de génie, professeur de yoga, qui s'intéressait à une collection d'objets précolombiens que mon père avait rapportés de Colombie. Il était venu prendre l'apéritif chez mon père, pour voir cette collection. Il se trouve qu'à l'époque Jean Klein hébergeait Yvan chez lui, à Saint-Paul-de-Vence. Quelques années plus tard, à l'occasion d'un spectacle donné par la fille de Jean Klein, j'ai revu Yvan. Et à nouveau, j'ai entendu cette voix intérieure qui me disait : “C'est lui !” Yvan m'a emmenée déjeuner et m'a dit deux choses : “Je vais mourir à vingt-neuf ans, et je veux un fils qui s'appelle Johan David.” Je suis tombée sous son charme, et surtout j'ai senti qu'il se passait quelque chose entre nous. J'étais déterminée à vivre avec lui, à lui donner ce fils, et j'ai quitté mon mari pour le suivre. Notre rencontre était mystérieuse. »

C'est ainsi que Nadège raconte les débuts de son histoire avec Yvan. Elle partage un temps le tout petit appartement qu'il occupe à Aix-en-Provence. La chambre est rudimentaire, un lit d'une personne, deux bols et deux assiettes. Peu importe, elle l'aime et s'adapte tout de suite à cette simplicité de vie. Puis Yvan l'emmène en Inde chez son maître. Ils vont vivre six mois dans l'ashram de Chandra Swami. « Yvan voulait faire une surprise à Swamiji, mais ce dernier a appris par hasard que nous arrivions, et il est venu nous accueillir à l'aéroport. Nous avons voyagé ensuite en troisième classe, au milieu des Indiens, pour atteindre Harware, dans le nord de l'Inde. C'était très sommaire. Les toilettes se résumaient à un trou creusé dans le plancher, à travers lequel on voyait défiler les rails ! A Harware, une carriole tirée par des chevaux nous attendait pour nous emmener jusqu'à l'ashram. A peine arrivés, nous avons joué au badmington, puis nous avons pris notre petit déjeuner, et ensuite seulement, on nous a installés dans nos chambres. La vie à l'ashram était très simple et très joyeuse. C'était une vie de famille. On participait aux tâches ménagères, à la cuisine. Chacun méditait dans sa chambre, comme il le voulait. Il n'y avait pas de contraintes. On faisait la sieste après le repas. On se retrouvait seulement en fin d'après-midi dans le hall pour un entretien questions-réponses, ce que les Indiens appellent *darshan.* Le soir, on dînait tous ensemble.

« Quand je suis arrivée, j'ai demandé à Chandra Swami si je pouvais être sa disciple. Je l'ai demandé seulement parce que j'étais amoureuse d'Yvan. Il m'a dit “oui” et, fin décembre, il m'a initiée, à travers un rituel. Il m'a transmis son mantra “Om Hari Sharamam”, ce qui signifie “Je prends refuge en Toi, Seigneur”, et il m'a donné mon nom indien : “Kranti”, qui signifie “Révolution”. Ses disciples indiens ont été interloqués, car ils trouvaient que ce n'était pas un nom à donner à une femme ! La première chose qu'il m'a enseignée, c'est qu'il faut vivre chaque journée comme si elle était la dernière, comme si on pouvait mourir le lendemain. C'est un grand enseignement. Pas facile à pratiquer !

« Chandra Swami était comme un père pour moi. Il me gâtait beaucoup. L'hiver, il me faisait du chocolat chaud. Nous avons passé l'hiver avec lui, et nous étions tous les trois avec un couple de vieux disciples. Nous vivions tous ensemble une vie d'amis. A l'époque, Chandra Swami s'imposait seulement deux périodes de silence par an, deux mois l'hiver et quatre mois l'été. Le reste du temps, il parlait comme tout le monde.

« Cet hiver-là, Yvan lui aussi a respecté le silence pendant deux mois. Il me faisait lire Sri Aurobindo à haute voix. Je vivais une vie d'ascèse, lavant le linge le matin, apprenant auprès de Chandra Swami à cuisiner à l'indienne. Je récitais toute la journée la prière du cœur des hindous. Cela ne me quittait pas. Cette ascèse s'est installée d'elle-même. Elle ne m'a pas pesé. Cela ne me coupait pas du monde. J'adorais aller dans le bazar, regarder les saris, aller chez le tailleur. Je prenais un rickshaw pour aller à Harware, pendant qu'Yvan méditait, lisait, restant dans le silence. Je me sentais chez moi. Nous faisions l'amour, sans bruit, dans le silence, et c'était très profond. Mais quand Yvan a fait vœu de chasteté, je me suis habillée en blanc, comme les veuves. J'avais vingt-quatre ans. On nous a donné des chambres séparées. J'ai été tentée de partir. Cela a été très dur pour Yvan. Il ne voulait pas me perdre. Il m'a demandé de rester. Chandra Swami nous a emmenés en voyage avec lui. Notre maître étant sous la protection du gouverneur de cette province, nous sommes partis pour le Cachemire. Nous avons rencontré des pauvres, des riches. Tous étaient beaux, spirituels. Nous aurions pu rester longtemps en Inde. Une famille riche était prête à nous accueillir, ainsi qu'à pourvoir à nos besoins. Yvan a refusé. Il sentait que sa vie était en France. A notre retour, je me suis retrouvée enceinte d'Anaïs. Cette grossesse a obligé Yvan a faire un choix. Elle l'a confronté à la responsabilité de ses actes. »

En quittant l'Inde, Nadège a pensé à ce qu'elle avait appris : « Il me faudra dix ans pour intégrer tout ce que j'ai appris là. »

Vivre l'instant présent comme s'il pouvait être le dernier, pleinement, consciemment. C'est une véritable préparation à la vie qu'elle s'est choisie : accompagner un homme atteint d'une maladie inguérissable, un homme qui peut mourir d'un moment à l'autre. On sent combien cette menace suspendue au-dessus de la tête d'Yvan a poussé le couple à vivre le plus consciemment possible. Ce sont Yvan et Nadège ensemble qui ont exploré l'« obligation de conscience », nommant ainsi l'obligation dans laquelle nous sommes vis-à-vis de ce don inouï qu'est la vie. Ensemble, ils ont avancé sur le chemin. Et même si c'est Yvan qui enseignait, écrivait, il n'aurait pu le faire sans Nadège. Il le lui a d'ailleurs dit juste avant de mourir : « Tout ce que nous avons fait, nous l'avons fait ensemble. »

La vie ensemble n'est pas simple. Yvan cherche l'éveil par tous les moyens (méditations, silence, ascèse), et puis l'expérience attendue arrive. Nadège le sent exalté, dans une énergie extraordinaire. Cela dure plusieurs jours, et ce n'est pas facile pour elle. Elle se sent « déconnectée ». Pour elle, les choses passent par la vie. Elle ne poursuit pas un but, elle vit. Elle porte à ce moment-là leur deuxième enfant, David.

Yvan donne des cours de yoga, il anime des méditations. Il entame son enseignement. Comme la maladie progresse, Nadège est là, présente, disponible. Il a besoin d'elle, constamment.

Comme tous les couples, Yvan et Nadège ont

leur traversée du désert. Yvan appartient à cette catégorie d'hommes qui attirent les femmes. Le charme de son intelligence et de sa parole est indéniable. Il est souvent au centre, tandis que Nadège est dans l'ombre, assurant l'intendance, la bonne marche du quotidien. Ce n'est pas toujours facile d'être celle qui sert, d'être Marthe quand d'autres sont Marie. Les difficultés, ils les affrontent ensemble, ils traversent les crises et, dans les dernières années de la vie d'Yvan, ce « grandir » ensemble les rapproche profondément.

« Bien sûr, nous avons connu des périodes où nous nous sommes éloignés l'un de l'autre, dit-elle. Yvan a eu d'autres complicités, et j'en ai eu de mon côté aussi. Nous nous sommes déchirés, nous nous sommes menti. Nous sommes passés par tous les "délires" par lesquels passent les couples. L'éveil ne dispense pas de la traversée de l'ombre. Un jour, je lui ai demandé de partir de la maison. La situation était devenue intolérable. Et puis je l'ai appelé pour lui dire : "Tu peux revenir ! – Tu es sûre ? m'a-t-il répondu. – Oui, ai-je dit, j'irai jusqu'au bout avec toi." Yvan l'a ressenti comme une claque.

« Il y avait une évidence dans notre relation. C'était une force. "Lui, c'était lui." Yvan me nourrissait. Son intelligence, son expérience étaient vastes. Nous nous sommes beaucoup parlé. Cela nous a fait grandir. Surtout les six derniers mois qui ont été extraordinaires. Yvan avait compris, dès 1992, qu'il devait s'appliquer l'éthique qu'il enseignait aux autres. "Notre comportement doit faire souffrir le moins possible notre entourage", disait-il. Par la suite j'ai accepté la vie telle qu'elle était. Mes démons – j'étais colérique, réactive – m'ont lâchée. Un jour, j'ai dit à Yvan : "Tu peux être malade encore pendant dix ans, je reste là, je t'accompagne." »

Yvan s'essouffle de plus en plus. Le moindre effort l'épuise. Il ne peut plus se laver ni enfiler seul ses vêtements. Nadège l'aide. On imagine la patience qu'un tel accompagnement exige. Tous ceux qui prennent soin d'une personne dépendante, handicapée, infirme le savent bien. Il faut des trésors d'attention, de vigilance, de disponibilité. On finit par s'épuiser soi-même. Les études sur le *burn-out* des soignants et des familles accompagnantes le montrent. On s'use quand on ne sait pas se ressourcer.

Quand on épouse une situation d'adversité au lieu de se crisper contre elle, on reçoit une aide. L'adversité nourrit l'adversité. Les noces avec la vie la font taire. C'est ainsi que Nadège découvre des petits rituels d'accompagnement qui la font vivre. Au lieu d'être victime de la vie, elle devient disciple de l'existence. Elle le fait avec grâce, avec amour, cherchant toutes les manières d'adoucir la vie d'Yvan. Comme il est gourmand, elle achète tous les jours des pâtisseries pour le thé. Elle respecte son besoin de silence en supprimant non seulement le bruit mais la musique. Elle cuisine à la vapeur. Il ne supporte plus les odeurs de friture. Evidemment, personne ne fume à la maison.

Cinq ans après la mort d'Yvan, Nadège ne regrette rien de ce qu'elle a vécu. « La vie a été difficile mais extraordinaire. Tant de belles rencontres, de générosité, de liens subtils entre nous ! Cette vie a été un cadeau. Nous avons tant reçu ! »

Les enjeux de l'accompagnement

Accompagner ? Etymologiquement, ce mot signifie partager le pain. Etre avec. Vivre les bons et les mauvais moments, comme on partage du pain blanc et du pain noir. S'il y a le pain de l'espoir, il y a aussi le pain du désespoir et du doute. Le partage, c'est aussi cela. Traverser la violence de la vie et l'impuissance face à une telle violence. Ensemble.

L'accompagnement est double : il permet d'aller jusqu'au bout d'une relation. En ce sens il apaise et donne la force de continuer. Il permet, par ailleurs, à celui qui va mourir d'être vivant jusqu'au bout, de vivre ses derniers élans, de déposer dans l'oreille et le cœur de ceux qui l'entourent les mots qui aideront à vivre, les mots qui permettent de partir en paix.

L'accompagnement est un engagement de non-abandon. Face à l'effroi que ne manque pas de susciter l'approche de la mort, un tel engagement a du poids. Quelles que soient les croyances que l'on a, la mort reste une énigme insistante, une inconnue. Yvan, comme tout un chacun, n'est pas épargné par la crainte. Il ressent le vertige que suscite la mort toute proche. Il s'agit là d'une crainte sacrée, d'un *tremendum sacrum*, face à laquelle il n'est d'autre voie pour l'homme que de s'abandonner avec confiance, sans comprendre. L'amour, l'attention, la présence confiante d'un être cher près de soi aident à lâcher prise. C'est la raison pour laquelle l'accompagnement est fondamental, essentiel.

Il n'y a pas que le vertige devant la mort. Il

est fréquent que les mourants soient assaillis de peurs très concrètes : comment vais-je mourir ? Comment mon âme se séparera-t-elle de mon corps ? Ne vais-je pas mourir dans une agonie interminable qui sera insupportable pour mon entourage ? Ces peurs sont naturelles. Presque tous les mourants les connaissent. Il faut en parler.

Yvan veut mourir chez lui, dans l'intimité de sa chambre, dans son cadre familier. Son désir se heurte à des peurs : peur de mourir étouffé, peur d'imposer à autrui une tâche insurmontable. Yvan affronte ces peurs, en interrogeant ses médecins sur la manière dont la mort va venir. Rassuré sur le fait qu'il ne mourra pas d'étouffement, mais d'un arrêt de son cœur épuisé, il s'abandonne avec confiance dans les bras de Nadège, qui s'est engagée à ne pas l'hospitaliser, à le garder à la maison.

« Je t'ai accompagné avec tout mon cœur », dira-t-elle à Yvan, juste à son dernier souffle. Elle l'accompagne effectivement de tout son cœur. Sans l'aide d'un médecin. Malgré l'insistance d'Yvan afin qu'elle ne soit pas seule. Elle sait qu'elle est forte. Elle le rassure : « J'y arriverai. »

Cette qualité d'accompagnement, faite de disponibilité et de confiance, bouleverse Yvan.

Elle l'aide à surmonter les douleurs intenses qui le traversent les derniers mois de sa vie. Souvent il remercie Nadège d'être si présente, si attentive. Sans doute, parce qu'il sait qu'il s'agit là d'une qualité rare.

Nous savons combien les mourants se sentent seuls et abandonnés. On cherche aujourd'hui à rétablir une culture de l'accompagnement, afin de pallier le sentiment de solitude qui préside aux fins de vie. On sensibilise les médecins et les soignants à l'écoute, à la relation avec celui qui va mourir. C'est là une mesure urgente pour que l'hôpital ne soit pas un mouroir. L'accompagnement est toutefois avant tout l'affaire des proches, des familles, des amis. Aujourd'hui, ils se disent souvent démunis. Ils ont perdu les rites qui permettaient de briser l'isolement des mourants, de donner du sens aux derniers instants.

L'absence de rites explique-t-elle tout ? La pauvreté de l'accompagnement en fin de vie n'est-elle pas aussi le signe d'une pauvreté relationnelle plus générale, d'un manque de conscience dans la relation ? Un accompagnement du mourir ne s'improvise pas dans les dernières semaines d'une vie. Il s'enracine dans un accompagnement du vivre. Il est tout de même paradoxal de surinvestir les derniers moments de certaines vies, alors qu'on les a livrées à la solitude. On sent combien il est vain d'attendre des familles une attitude accompagnante, quand la vie a séparé les êtres, quand les conflits ont rythmé le vivre ensemble, quand on est passé à côté de l'autre. On incite les familles à être proches, à se réconcilier. Et l'on échoue souvent à le faire. La solitude, le fossé entre les êtres sont parfois impossibles à franchir. Et pourtant, il arrive que des êtres se rapprochent, que l'amour triomphe de la négligence et de l'indifférence. Tout est possible quand il y a de la vie. Nous en avons été témoins.

Quelques principes pour l'accompagnement

Etre vrai

« Le seuil de la Réalité est recouvert d'un voile de lumière dorée. Dévoile-le, ô Seigneur, car mon dharma consiste à vivre la vérité », lit-on dans les Upanishads.

Face à la mort qui vient, il n'est pas tant important de dire la vérité que de permettre à quelqu'un de dire ce qu'il vit, afin de partager avec lui ce qu'il sait.

La plupart du temps, pris dans une « conspiration du silence », on ne peut pas être vrai. On pense qu'une bonne mort est une mort qu'on ne voit pas venir. On voit des situations où chacun sait, mais personne ne parle, comme s'il y avait une interdiction de communiquer. La personne en fin de vie dit : « Je sais bien que je m'en vais, mais c'est difficile de le dire à mes proches. » Elle protège les siens, qui croient de leur côté la protéger en ne lui parlant pas. Cette protection réciproque dans le mensonge ne fait qu'augmenter l'angoisse des uns et des autres.

Pendant des années, au chevet des mourants et de leurs familles, j'ai mesuré les ravages de ce silence. Comment une personne peut-elle faire sienne une maladie ou une mort dont on ne lui a rien dit ? Comment peut-elle dialoguer avec son entourage, partager son angoisse, se préparer à mourir ?

Quand on a subi toutes sortes de traitements, d'investigations, de chirurgies, on se pose des questions. Le décalage entre le discours parfois mensonger qui leur est tenu et la perception que les malades ont de l'aggravation de leur état est un facteur d'angoisse majeur. En maintenant une personne dans l'ignorance de ce qui la concerne, on l'enferme dans une bulle d'isolement. Souvent, quand les choses ne sont pas claires, la personne en fin de vie devient confuse. Cela semble être une sorte de refuge, une réponse à l'insupportable de la situation.

Aujourd'hui, cependant, avec l'évolution de la loi sur le droit des malades, on peut craindre l'effet inverse. Les médecins délivrent parfois brutalement une information que les malades ne sont pas prêts à recevoir. Ils induisent ainsi des états de désespoir impossibles à apaiser, si bien que le malade se laisse mourir ou demande qu'on lui donne la mort.

On voit alors combien la question de la vérité est une question qui doit se résoudre au sein d'une relation de confiance. Lorsqu'on a établi au fil des années une telle relation avec son médecin, ainsi que l'a fait Yvan, on s'achemine à son rythme vers sa vérité.

La vérité ne consiste pas toujours à dire la vérité mais à laisser l'autre venir à sa vérité. Nadège n'a pas dit à Yvan qu'il allait mourir. Elle l'a laissé la prévenir. C'est lui qui lui a annoncé sa mort prochaine. Sans chercher à le rassurer, elle en a pris acte.

La vérité de ceux qui vont mourir n'est pas d'un bloc. Elle est paradoxale. On peut savoir que l'on va mourir, et ne pas y croire. On peut être lucide, préparer son testament, parler de sa mort, et garder une forme d'espoir. Yvan, tout en prenant des dispositions pour acheter une place au cimetière, la veille de sa mort, pense qu'il a encore le temps d'achever un manuscrit et demande à Nadège de s'organiser pour être disponible pendant deux mois pour l'aider.

Quand Yvan demande à Roland Poirier combien de temps il lui reste à vivre, ce dernier ne se permet pas d'avancer un pronostic. Comment le pourrait-il ? Il ne sait pas. Il sait seulement que la situation est grave et que cela peut être rapide. Il le dit. C'est tout. La grandeur et l'humilité d'un médecin consistent à pouvoir dire : « Je suis au bout de mes ressources thérapeutiques, mais le temps qui vous reste vous appartient. C'est votre secret. » Le médecin devient alors une personne humaine face à la personne du mourant, une personne consciente de ses limites, ne s'identifiant pas à un savoir et à un pouvoir qu'elle n'a pas. Le temps qui reste à vivre à quelqu'un dépend de bien d'autres paramètres que les données biologiques. Il dépend du désir de vivre, des échéances conscientes ou inconscientes que la personne s'est fixées. Il dépend du mystère de la personne. Il importe donc de restituer cela.

La plupart des personnes acceptent l'idée que le médecin ne puisse plus rien pour les guérir. Elles négocient souvent avec elles-mêmes le temps dont elles ont besoin. Un tel voudra vivre jusqu'à Noël, un autre jusqu'au mariage de sa fille, un autre voudra entreprendre un dernier voyage et trouvera d'ailleurs l'énergie pour le faire. Souvent, l'échéance passée, la personne se laisse aller avec confiance dans la mort.

Pour rester vivant, tout en sachant qu'on va bientôt mourir, la psyché, heureusement, est bien faite. Le moi se clive, comme le dit Freud : deux pensées contradictoires cheminent côte à côte, l'une dit : « Je vais mourir » et l'autre dit : « La mort n'existe pas. » Nous sommes là au cœur d'un paradoxe que la phrase de Max-Pol Fouchet illustre bien : « Mourir existe, la mort n'existe pas. »

Yvan sait qu'il va mourir. Il le dit par exemple à son fils David, qui lui demande s'il ne peut pas attendre qu'il ait lui-même des enfants pour s'en aller. Yvan répond non. Il ne peut pas. Il sait qu'il va mourir bientôt. Et pourtant la mort pour lui n'existe pas. Il a l'intuition profonde d'une vie qui est plus forte que la mort.

Rester présent malgré son impuissance

Dans le récit que Nadège fait de la mort d'Yvan, nous sommes sensibles à la douceur et au calme qui ont présidé à ses derniers moments. Il n'y a pas eu de panique. Nadège a accepté d'assumer seule ce moment d'une gravité exceptionnelle. C'est qu'elle a accepté ce qui allait se passer. Impuissante à changer le cours des choses, elle reste là, présente, accueillant Yvan dans ses bras, lui caressant le dos.

Elle sait qu'il n'y a rien d'autre à faire. Elle prie, avec lui, car c'est ainsi qu'elle peut l'aider, dans cette confiance qu'ils font tous les deux au Réel. Ils disent les mots qui les relient au Père, au créateur de toutes choses, parce qu'ils les apaisent.

Une présence calme et contenante est la seule chose que l'on puisse vraiment offrir à quelqu'un qui est en train de mourir. Face à l'angoisse – l'angoisse de disparaître – elle est comme une peau invisible qui protège. On sait combien le contact est essentiel pour pallier l'angoisse.

Les travaux du psychanalyste Bion sur l'angoisse du nouveau-né montrent que la capacité de rêverie de la mère qui berce est un médiateur susceptible de permettre « une métabolisation du chaos », une transformation du malaise et de l'angoisse. De la même façon, lorsqu'on accueille dans ses bras un mourant angoissé et que l'on reste calme, on peut contenir et transformer son angoisse.

Nous sommes tous confrontés un jour ou l'autre à des situations qui nous laissent démunis et pauvres. Nous ne savons plus quoi faire, quoi dire. Et pourtant, c'est lorsque nous sommes au cœur de notre impuissance que nous sommes le plus proche de l'autre, de celui qui souffre. « Il y a des moments où en face d'un désespoir qui vous est confié, qui vient à vous comme à son dernier recours, il y a des moments où il est impossible de ne pas sortir de soi-même. On est jeté dans le cœur d'autrui avec une telle puissance qu'on s'identifie à lui. C'est à ce moment-là que s'établit incontestablement, entre deux humains qui ont atteint le même degré de silence, cette communion prodigieuse dont on perçoit ici et maintenant qu'elle est infinie et éternelle. J'éprouve alors clairement que nous ne sommes pas deux, que nous sommes un, que nous sommes identifiés au même centre. Il n'y a plus de distance, sinon celle du respect. Toute la vie se concentre en un seul point qui est hors de l'espace et du temps[1]. »

1. Maurice Zundel, *A l'écoute du silence, op. cit.*

J'ai tenu à citer cette longue phrase de Maurice Zundel, car Nadège raconte qu'Yvan aimait particulièrement Zundel. Il l'aimait disant : « Les hommes ne peuvent pas être sauvés par des discours, mais seulement par une présence », ou bien : « Ne parlez pas trop de Dieu, vous l'abîmez ! », « Donnez Dieu, respirez Dieu, vivez Dieu ! »

Nadège tient Yvan contre elle, les bras autour de son corps si frêle, la main sur son cœur, silencieuse. Il s'agit d'être présent. D'une présence calme et contenante. Silencieuse.

Bien des mourants se mettent en boule dans leur lit ou cherchent le refuge de bras accueillants, à l'occasion d'une dernière toilette, lorsqu'ils n'ont personne près d'eux pour leur donner cette ultime tendresse.

Françoise Dolto disait combien il est important de respecter le désir de se mettre en boule, au chaud, le besoin d'être tendrement bercé. « L'être humain, pour retrouver dans certaines épreuves sa sécurité de base nécessaire et minimale, essentielle à sa survie, doit revenir aux images les plus archaïques, aux ressentis de l'époque intra-utérine. »

Face à l'angoisse de morcellement où le jette la proximité de la mort, le mourant cherche souvent dans la régression un sentiment de sécurité et d'unité. Ainsi que l'écrit Lise Monette, psychanalyste, dans la postface qu'elle a faite à *L'amour ultime* : « La forme la plus évidente de cette régression est l'abandon progressif du langage articulé auquel se substitue un langage corporel, l'acuité décuplée de l'ouïe chez l'agonisant, la sensibilité extrême de la peau, l'importance du regard, le toucher et même le rythme du souffle, toutes ces manifestations deviennent autant de moyens de contact et d'échange avec l'autre. »

Il y a une qualité de présence, une façon d'être là pour l'autre, qui ouvre infiniment mieux que n'importe quel discours le chemin vers sa sécurité intérieure. Cela suppose d'« assumer un certain flou de son être », écrit Michel de M'Uzan, décrivant ainsi ce que vivent les personnes qui accompagnent, lorsqu'elles sont dans une proximité de cœur et de présence avec celui qui va mourir.

Protéger le sentiment de la dignité

Une étude récente de l'Institut national de prévention et d'éducation pour la santé sur les perceptions et représentations de la population vis-à-vis de la fin de vie révèle que la notion de dignité est très présente dans les préoccupations des Français quand ils pensent à leur mort.

Nous sommes hantés par la grande vieillesse, d'autant plus qu'un des effets pervers des progrès de la médecine est de nous promettre une vie de plus en plus longue, une mort de plus en plus lente. Il est difficile de nos jours de mourir d'une pneumonie l'hiver, d'une forte grippe ou même d'une embolie. Le Samu vous ranime, sans s'occuper de votre âge. On tremble donc à l'idée de se retrouver un jour sourd, aveugle, muet, grabataire, paralysé, incontinent, transbordé de son lit au fauteuil. On tremble surtout à la perspective de la solitude et de l'abandon dans lequel on risque de mourir.

Voici comment Claudine Badey-Rodriguez raconte le choc qu'elle a reçu en pénétrant dans une maison médicalisée pour personnes âgées : « Fauteuils roulants abritant des corps invalides, recroquevillés sur eux-mêmes, vieillards au visage et aux membres déformés, bouches édentées, hurlements perçant régulièrement le silence pesant, déments déambulant dans les couloirs, perdus dans leur monologue en boucle sans fin... Personnes âgées vêtues toute la journée d'une robe de chambre, comme déjà englouties dans une nuit éternelle[1]. »

Qui d'entre nous, par ailleurs, n'a pas eu vent de maltraitances : des vieillards attachés dans leur lit, croupissant dans leur urine ou leurs excréments parce qu'on n'a pas le temps de les laver ou de les changer ? Et nous pensons : jamais ça ! Nous voulons une fin digne. Nous voulons maîtriser notre fin, quand il en est encore temps, pour ne pas vivre cette indignité.

Mais où est l'indignité ? Dans cette inévitable déchéance du corps malade et vieillissant ? Ou bien dans l'extrême solitude de ceux que personne ne vient plus voir, qui ne reçoivent plus aucune marque de tendresse ou d'attention, que des soignants indifférents humilient ou infantilisent ? Nous craignons de devenir plus tard, dans notre extrême vieillesse, des vieillards geignards, capricieux, gâteux, nous avons peur d'être livrés au pouvoir médical, de souffrir inutilement, nous perdons confiance dans la capacité de nos proches de nous accompagner comme nous le voudrions. Enfin, la crainte de peser sur les autres, d'être

1. Claudine Badey-Rodriguez, *La vie en maison de retraite*, Albin Michel, 2003, p. 14.

un fardeau pour la société nous pousse à souhaiter mourir vite, discrètement. Ainsi que le souligne à juste titre Philippe Ariès, « la discrétion apparaît comme la forme moderne de la dignité ».

On peut comprendre alors que, pour garder une relative sérénité d'esprit à la pensée de sa propre fin, on puisse songer au suicide ou à l'euthanasie comme ultime porte de sortie. Nous voulons pouvoir anticiper notre propre mort ou pouvoir demander à quelqu'un d'autre de nous faire mourir avant que les choses ne nous échappent. Il ne fait aucun doute que la peur des conditions dans lesquelles on meurt dans nos sociétés est à l'origine de cet engouement pour le droit de choisir le moment de sa mort et de mourir dans la dignité.

Une autre réponse est possible face à ce désir de conserver sa dignité jusqu'au bout. On peut laisser la mort venir à son heure, lorsqu'on ne souffre pas, que rien n'est fait pour prolonger une vie qui prend fin, quand l'entourage est prêt à accompagner.

J'ai rencontré, ces dernières années, des personnes qui ont fait la démarche d'adhérer à l'Association pour le droit de mourir dans la dignité (ADMD). Contrairement à ce qu'on pourrait croire, elles ne sont pas toutes favorables à l'euthanasie. Par contre, elles ont réfléchi à leur mort et aux conditions dans lesquelles elles aimeraient mourir. Sans acharnement thérapeutique, sans douleurs insupportables, dans un environnement qui respecte leurs besoins et les traite comme des personnes à part entière. Elles souhaitent être informées de l'évolution de leur maladie, du pronostic, discuter avec les médecins des thérapeutiques proposées, elles aimeraient conserver le plus longtemps possible leur autonomie. Elles veulent, lorsqu'elles sentiront la mort venir, qu'on respecte leur désir de mourir, qu'on leur donne cette permission, et si la mort tarde trop, qu'on les aide à se détendre, à lâcher prise.

La dignité d'un être humain est inaliénable. Si altéré soit-il dans son corps ou dans son esprit, l'humain reste digne de respect et d'attention. Malgré ce caractère intrinsèque de la dignité, deux conceptions s'affrontent sur la manière de respecter le droit de mourir dignement et sur le sens même du mot dignité.

Une conception individualiste soutient que chacun est seul juge de la dignité de sa vie. « La dignité est subjective. La mienne n'est sans doute pas la même que la vôtre, celle de mes fils n'est pas la même que la mienne. C'est moi qui juge de ma dégradation, et personne d'autre ! » soutient le sénateur Henri Caillavet, ancien président de l'ADMD.

Une conception interpersonnelle défend au contraire l'idée que nous sommes tous dépendants les uns des autres et que le sentiment que chacun peut avoir de sa dignité dépend du regard d'autrui. C'est dans le regard de l'autre que je vois si je suis encore aimable, c'est dans la manière dont il me parle, dont il prend soin de moi, que je sens si je fais encore partie de la communauté des vivants.

Certes, le sentiment de sa dignité est un sentiment subjectif, mais il peut être influencé dans un sens ou un autre. Un grand malade ou un vieillard dépendant peuvent sentir qu'ils comptent encore pour quelques personnes lorsqu'on les soigne avec attention et tendresse. Ils peuvent très vite, en revanche, avoir le sentiment inverse, celui d'être réduits à peu de chose, « une chose un peu sale, une sorte de reste qu'il faut cacher, presqu'une souillure dont il faut se débarrasser [1] ».

Si nous sommes si profondément blessés dès qu'on nous traite comme une chose et que l'on souligne nos déficiences corporelles, c'est pré-

---

1. Michel de M'Uzan, *Le travail du trépas*, *op. cit.*, p. 199.

cisément parce que nous sentons bien que nous ne nous réduisons pas à ce « corps que l'on a », mais que nous « sommes » un corps. Comme le dit si bien Frans Veldman : « Ce corps est pour moi un sujet, ma vie, mon Soi, mon Etre dans l'espace et le temps, aussi bien que hors de l'espace et du temps... C'est grâce à cette corporalité vécue et ressentie que je rencontre l'autre, que je fais l'expérience du monde, que je peux me sentir accepté, accueilli, ou au contraire nié, repoussé, blessé, humilié[1]. »

Quand quelqu'un me dit : « Ma vie n'est plus digne », je me demande toujours si cette phrase n'est pas une question qui m'est adressée : « Est-ce que pour toi, Marie, ma vie a encore un sens, est-ce que les échanges que nous pouvons avoir ont encore une valeur à tes yeux ? Est-ce que je sers encore à quelque chose ? » J'estime alors qu'il est de ma responsabilité d'humain non pas de le rassurer faussement à propos d'une dégradation qu'il perçoit à juste titre, mais de lui faire sentir qu'il reste

1. Frans Veldman, *L'haptonomie*, PUF, 2001, p. 188.

un être de relation jusqu'au bout. Car c'est le fait que je suis un être de contact, d'échange, qui fait que je suis digne.

On me dira : « Où s'arrête cette dignité ? Une personne dans le coma préagonique a-t-elle encore une dignité ? Je réponds oui, même dans le coma, une personne conserve sa dignité. Qu'est-ce qui nous permet de dire qu'une personne dans le coma ne perçoit pas la qualité affective de ce qui lui est dit ? Je pense que la relation continue à un niveau très profond d'inconscient à inconscient[1]. »

Yvan Amar, relié à sa bouteille d'oxygène, dans les derniers mois de sa vie, incapable de marcher, totalement dépendant de Nadège pour sa toilette, pour son habillement, n'a pas le sentiment d'avoir perdu sa dignité. Il se sent toujours utile, il se sent toujours aimé. Il sent qu'il compte pour les autres. Il se laisse soigner et porter avec grâce, remerciant ceux qui lui prêtent assistance, toujours de bonne humeur, essayant de se faire le plus léger, le plus discret possible.

De la même façon, quelques années plus tôt, Jean-Dominique Bauby, ce journaliste brutale-

---

1. *Nous ne nous sommes pas dit au revoir*, Robert Laffont, 2000, p. 146.

ment atteint par le LIS (*locked-in syndrom*), enfermé dans son corps inerte comme dans un scaphandre, vivait-il sa dépendance avec humour. On aimait s'occuper de lui, on se passionnait pour ce qu'il essayait péniblement de dicter avec ses paupières. Dans un monde où l'on tend à croire que seules les personnes autonomes, bien-portantes, maîtresses d'elles-mêmes, conservent leur dignité, des témoignages comme ceux-là ont leur poids.

Ces dernières années, une figure m'a particulièrement touchée, celle de Morrie, le vieux professeur américain, dont j'ai déjà parlé plus haut[1]. Convaincu que toute expérience humaine contient en elle-même la possibilité d'un dépassement, d'un accès à quelque chose de neuf, il va chercher comment « aimer » cette dépendance contre laquelle il a lutté tant qu'il a pu, mais qu'il lui faut bien accepter maintenant.

« J'ai commencé à *aimer* ma dépendance. Maintenant, j'aime qu'on me tourne sur le côté, et qu'on me frotte le derrière avec de la crème pour éviter les escarres. J'aime qu'on m'essuie le front, ou qu'on me masse les jambes. Je me délecte. Je ferme les yeux et je pro-

1. Mitch Albom, *La dernière leçon*, *op. cit.*

fite de chaque instant. Cela me semble familier.

« C'est comme retourner en enfance. Quelqu'un vous donne un bain. Quelqu'un vous porte. Quelqu'un vous essuie. Nous savons tous comment faire pour être un enfant. C'est inscrit à l'intérieur de nous. En ce qui me concerne, il s'agit simplement de retrouver le plaisir que j'avais étant enfant.

« Quand nos mères nous portaient dans leurs bras, nous berçaient, nous caressaient la tête, la vérité est que nous n'en avions jamais assez. D'une certaine façon, nous avons tous la nostalgie de ce temps où l'on s'occupait entièrement de nous, de cet amour, de cette attention inconditionnelle[1]. »

Yvan aurait pu dire la même chose. Il aimait que Nadège prenne soin de lui. Elle aimait le faire.

Nous portons donc une responsabilité. C'est dans notre regard que le mourant lit s'il a toujours sa place dans notre cœur ou tout simplement dans le monde des vivants. C'est à travers nos gestes qu'il comprend qu'il est accueilli.

---

1. *Ibid.*, p. 130.

Notre attitude de respect et d'attention, la tendresse que nous manifestons lui permettent alors de nous manifester à son tour sa gratitude, son affection. On reste dans l'échange jusqu'au bout. N'est-ce pas cela la dignité ?

Une leçon de vie

« Depuis qu'il est mort, il est évident qu'il était très avancé spirituellement, par ce qui reste de lui en terme de rayonnement et d'inspiration. » C'est ainsi qu'Arnaud Desjardins rend hommage à Yvan Amar[1].

« La mort d'Yvan ne m'a pas laissée triste, bien qu'il me manque parfois très fort, parce que je l'ai accompagné jusqu'au bout, de tout mon cœur. » Par ces quelques mots, si simples, Nadège nous dit l'essentiel : lorsqu'on a vécu pleinement la relation avec un être qu'on aime, lorsqu'on s'est engagé à ne pas l'abandonner, à partager les bons et les mauvais moments, la mort n'est pas un drame. Même si le chagrin a sa place, tout ce qui a été vécu dans la vérité et la tendresse porte ceux qui sont dans le deuil.

---

1. Entretien du 29 mars 2004.

Si parfois la mort des êtres chers pèse d'un poids si lourd sur nos consciences, c'est que nous réalisons après leur mort combien nous sommes passés à côté d'eux, sans les connaître, sans les avoir vraiment rencontrés. Nous vivons les uns avec les autres dans une forme de somnambulisme et d'inconscience, et la mort arrive et nous réveille. Qui était celui qui n'est plus là ? L'avons-nous assez aimé, avons-nous suffisamment contribué à son devenir ?

Au contraire, lorsque la relation avec celui qui n'est plus là physiquement à nos côtés a été pleine, vivante, profonde, on se sent porté. Une force, une joie nous habitent. Le deuil est vécu différemment.

C'est pourquoi il est si important d'aller le plus loin possible dans la relation avec celui qui va mourir, mais plus encore de vivre consciemment sa relation à autrui, comme y invite Yvan Amar.

Dans un groupe de soutien aux personnes endeuillées, une femme décrit son deuil comme la coexistence étonnante d'un sentiment d'absence et d'un sentiment de présence. L'autre est terriblement absent, et terriblement présent. Certes, l'absence fait mal. L'autre nous manque. On voudrait le toucher, lui parler, le voir, mais dans le même temps, sa présence est là, à l'intérieur de soi, dans sa pensée, dans son cœur. Les paroles, les gestes, l'enseignement de celui qui n'est plus là, à l'extérieur de nous, dans le visible, continuent de vivre dans le secret des cœurs, à l'intérieur. Elles nous nourrissent, nous portent, nous accompagnent.

Je me souviens de cette femme qui a accompagné son fils de vingt-cinq ans dans l'unité de soins palliatifs où je travaillais. Le jeune homme est mort en quelques semaines du sida. Elle avait perdu son père et sa mère, lorsqu'elle était jeune, et ne les avait pas accompagnés. Leur mort lui avait laissé un souvenir terrifiant. Or, après la mort de son fils, cette femme m'a écrit ceci : « Il y a des moments où je me sens forte et des moments où la fatigue revient, une fatigue immense, très lourde. Mais je suis étonnée de ne pas m'effondrer. Je ne pouvais m'imaginer sans lui, et voilà que je ressens une très grande paix. Nous nous sommes dit beaucoup de choses avant qu'il parte. Il m'a dit qu'il ne voulait plus vivre. Bien sûr, j'ai un immense chagrin de ne pouvoir le serrer dans mes bras. Mais il nous a habitués à son départ. Je garde une image gaie de lui. Je n'ai pas d'angoisse, ni d'image de lui mort. Je peux toucher ses affaires avec tendresse, avec plaisir, alors que lorsque mes parents sont morts, je ne pouvais pas le faire. J'ai le sentiment qu'il me porte. »

Cet exemple, parmi d'autres, montre que lorsqu'on a accompagné un être cher jusqu'à sa mort, lorsqu'on a pu se dire au revoir, le deuil se vit différemment.

On reconnaît, dit-on, l'arbre à ses fruits. Ainsi reconnaît-on la force et la vérité de l'enseignement d'Yvan Amar, la sagesse avec laquelle il a vécu sa vie et sa mort, à la manière dont son deuil est vécu et porté par sa famille et ses amis.

Le récit des dix jours qui ont suivi la mort d'Yvan mérite d'être rapporté. Trop souvent, la mort d'un être humain est vécue dans la révolte, la peine, le silence qui pèse. Chacun est seul face à l'inacceptable. Peut-on vivre les choses autrement ? Peut-on porter le souvenir de celui qui n'est plus là avec sérénité ? L'accompagner en terre avec chaleur et joie ? Certes la représentation que l'on se fait de la mort, l'image qu'on en a selon qu'elle est la fin de tout ou selon qu'elle est représentée comme un passage vers un autre monde ou comme un éveil, joue dans la manière dont on vit le deuil. Mais c'est surtout la façon dont une personne prépare son entourage à sa fin, toute l'épaisseur d'une vie et la richesse des échanges que l'on a eus avec celui qui vient de mourir qui font de ces moments qui suivent la mort des moments forts, des moments de communion inoubliable.

La mort met fin à la vie, mais pas à la relation [1]

« L'homme dont je partageais la vie depuis vingt-trois ans est mort dans mes bras. Et nous avons vécu ce moment en douceur. Cela m'a rendue amie du présent », dit Nadège.

Après la mort d'Yvan, Nadège ressent un soulagement. Soulagement, parce que Yvan ne souffre plus dans son corps, et soulagement pour elle-même. Délivrance du poids que représente l'accompagnement. Cette délivrance, si naturelle pour tous ceux qui se sont

1. Mitch Albom, *La dernière leçon, op. cit.*

beaucoup donnés à travers l'accompagnement d'un être cher, est douce. Il n'y a aucune culpabilité lorsqu'on a été au bout de ce que l'on pouvait faire.

Nadège insiste sur la douceur du deuil. « Yvan m'a transmis la douceur de sa mort, la douceur des derniers jours de sa vie et la douceur qu'il portait en lui. » Elle dit retrouver en elle ce sentiment qu'elle avait parfois étouffé, par une attitude un peu dure, qui était une manière de se protéger. « J'avais imaginé qu'au moment de sa mort, c'est la douleur qui m'envahirait, mais cela ne s'est pas passé comme cela. Je n'ai pas eu mal. J'ai ressenti cette immense douceur. »

« Je n'ai rien vécu de ce que je lis généralement à propos du deuil. Pas de colère, pas de frustration. J'ai dû choquer certaines personnes parce que je n'ai pas pleuré, je n'ai pas exprimé de regrets. Certaines personnes m'ont jugée, j'en ai été blessée, mais les gens ne peuvent pas comprendre. Comment être triste du côté éphémère de la vie, quand on a compris que "la vie trace" ? » raconte Nadège.

Bien sûr, il serait faux de dire qu'elle n'éprouve pas, par la suite, des moments de tristesse, car Yvan lui manque. Elle ne peut plus le toucher. Mais peu à peu, avec le temps, elle intègre la réalité de son absence physique. « Depuis cinq ans, je ne peux plus toucher le corps d'Yvan, mais je sais combien il m'accompagne. Notre relation est différente. Il est toujours présent, c'est inexplicable. Je l'entends me dire intérieurement : "Sois heureuse ! Deviens plus consciente ! C'est l'école de la vie, tout change tout le temps, deviens alerte devant l'imprévisible. Courage ! Tu n'es pas seule, cette vie t'aime toi aussi." »

La relation avec Yvan continue. Nadège ne se sent pas abandonnée. Elle est portée par une grande force. « Ce que je dis est invérifiable et n'est pas rationnel, mais je peux le dire et le redire, je suis accompagnée ! Il n'y a pas un jour de ma vie qui ne me le confirme ! Je n'imaginais pas qu'on pouvait être habité par un être avec autant de force. D'autres amis aussi ressentent cela. Et en même temps, ça ne m'empêche pas de vivre, je ne me sens pas possédée par Yvan, mais libre. Je ne suis pas en train de me raccrocher à lui, c'est comme une nourriture. »

Nadège parle des phénomènes de synchronicité, ces coïncidences qui font sens : « Le simple vol d'un papillon devant moi, alors que je me pose une question, me parle. Ou bien le chant d'un oiseau bien particulier, lorsque je sors de la maison. Ce sont des petits indices qui me réconfortent. Il m'est arrivé de me trouver dans un lieu loin de tout, de me poser la question : “Est-ce juste que je sois ici ?” puis de tourner la tête et de voir *Yvan* écrit sur un panneau en face de moi. »

Je me souviens que François Mitterrand m'avait dit : « Nous ne sommes pas là pour pleurer les morts, mais pour les prolonger, pour les continuer. » Cette parole est très forte. D'une certaine manière, elle rejoint l'enseignement d'Yvan : Allez ! Debout ! En marche !

« Nous avons à faire quelque chose de ce que les morts nous lèguent. C'est notre tâche », dit Nadège.

Les enfants de Nadège disent la même chose. J'ai voulu les rencontrer et leur demander leur témoignage.

David a vingt-quatre ans. C'est un jeune homme sympathique, attachant, sensible, ouvert, qui s'est lancé dans des études de stylisme. Il compose par ailleurs des raps, pleins de poésie et de sagesse. Il pratique le sabre, avec un sabre de samouraï. C'est sa façon de vivre la spiritualité.

Quand son père meurt, il a dix-neuf ans. Il

dit qu'il a été préparé à cette mort, parce que la maladie de leur père n'a jamais été cachée aux enfants. Ils savent qu'il peut en mourir mais, en même temps, ils gardent espoir. David raconte qu'il a retrouvé des dessins qu'il faisait lorsqu'il avait cinq ans, pour la fête des pères. Sur les dessins, il a écrit : « Bonne fête papa, j'espère que tu vas guérir vite. »

David s'est rendu compte un jour que son père allait de plus en plus mal : « Nous voyagions dans une voiture climatisée. Ce jour-là il faisait très, très chaud. Quand la portière s'est ouverte, la chaleur s'est engouffrée et papa a eu un choc thermique. Il a eu tellement de mal à respirer que j'ai réalisé qu'il pouvait mourir d'un moment à l'autre. Mais ensuite, la vie a repris son cours et j'ai oublié la gravité de son état, jusqu'à la veille de sa mort. J'ai pu lui dire tout ce que j'avais à lui dire. Quand il m'a dit qu'il se pourrait qu'il meure vite, je lui ai demandé s'il pouvait attendre que j'aie des enfants pour mourir. Il m'a répondu avec une grande franchise : "Non !" Il ne le pouvait pas. Notre dernière discussion, je m'en rends compte maintenant était un au revoir. »

La veille de la mort d'Yvan, David est rentré vers deux heures du matin. A trois heures, il a entendu son père tousser très fort, puis cela s'est arrêté. « J'ai pensé : "C'est bien, il s'est rendormi !" En fait, il était en train de mourir dans les bras de maman. Un moment après, maman est venue me chercher. Il était mort. Je suis tout de suite descendu m'allonger à ses côtés. »

David dit que son père lui manque. Il aimerait, maintenant qu'il commence sa vie d'homme, qu'il est engagé dans une relation sérieuse avec une jeune fille de son âge, pouvoir lui parler des problèmes qu'il rencontre, recevoir ses conseils. Mais en même temps, David sent bien que l'héritage spirituel et intellectuel de son père fructifie en lui.

Il se souvient que lorsque ses copains venaient à la maison, Yvan leur demandait : « Quel est le secret de la vie ? » Yvan aimait faire parler les gens, et souvent il commençait par poser cette question. Alors, par respect pour lui, ses amis, même les plus timides, répondaient. Il y avait toujours des conversations passionnantes, un échange intense. « Mon père savait faire cela, susciter des échanges. »

Comme tous les enfants de personnes publiques, engagées dans une action très forte, il souffre de la notoriété de son père. Il y a trop de monde autour de lui, le sollicitant sans cesse. Il semble inaccessible. David aurait aimé, comme tous les enfants du monde, avoir son père pour lui. Mais Yvan consacre beaucoup de son temps aux conférences, à l'écriture, à l'enseignement. La limite entre le public et le privé à la maison est très fine.

David se souvient que ce n'était pas facile d'« être le fils d'Yvan ». Les gens idéalisaient beaucoup son père. David a appris à relativiser les propos excessifs. Il connaissait les limites de son père. Et puis, à l'école, avoir un père qui enseignait sur des sujets spirituels, c'était suspect. Cela lui a valu des réflexions désagréables : « Alors ton père, c'est une secte ? »

« C'était dur, pour nous les enfants, de dire : "Non ! Vous vous trompez, ce n'est pas cela !" Alors on a appris à se taire pour se faire accepter. Plus tard, au collège, je me suis retrouvé avec des gens qui venaient d'autres horizons, d'Afrique, du Maghreb, d'Espagne. Ils étaient un peu à part, eux aussi, et je me sentais bien avec eux... Tout ça m'a appris à être plus tolérant, à accepter la différence. Aujourd'hui, j'arrive à expliquer qui est mon père. Je n'en parle jamais au premier abord. J'attends de sentir si je peux. Je me suis rendu compte que lorsque j'explique honnêtement, les gens sont plus ouverts qu'on ne le croit. Il y a de plus en plus de gens ouverts à la spiritualité, à un travail sur soi. »

Malgré les fortes sollicitations des amis et des élèves, Yvan trouve pourtant le temps de parler avec David – « pour que je fasse mon chemin », précise celui-ci. La transmission, c'est quelque chose de très important pour Yvan, et transmettre à son fils, cela compte pour lui. « On parlait souvent. Il s'arrêtait et me disait : “Là, je vais trop loin. Je te laisse réfléchir, on en reparlera demain”, raconte David. Papa voulait que je comprenne par moi-même. »

« Mon père m'a appris à écouter ma conscience. » Ce n'est pas facile pour David, parce qu'autour de lui ce n'est pas quelque chose que les autres font. « J'essaie maintenant de moins juger les gens. Il m'a appris à réfléchir, à affiner mon intuition, à être en accord avec moi-même... Je commence seulement à découvrir ma propre spiritualité, la façon dont je veux la vivre. Je la vis différemment de mon père, différemment de ma mère. Je fais un travail avec un sabre de samouraï, c'est à la fois un travail de concentration et de conscientisation. C'est ma voie, je me sens bien dedans. C'est juste ma façon de vivre ça aujourd'hui. Longtemps, je me suis demandé si j'arriverais à faire aussi bien que mon père, à “m’éveiller”. Je ne suis plus dans cet état d’esprit. Si cela doit venir, ça viendra, si cela ne vient pas, eh bien c’est comme ça ! Je ne veux pas être victime de ce désir. Et puis j’ai compris que lorsqu’on vit le moment présent, chaque instant présent est un moment d’éveil. »

En entendant ces propos de David, je mesure une fois de plus l’intelligence avec laquelle Yvan savait respecter le chemin de chacun.

« Mon père m’avait demandé d’apprendre à me servir d’une arme blanche. Je crois qu’il avait conscience que le monde est dur et qu’il faut savoir se défendre. Je me sens en accord avec cette demande. J’essaie de faire dix minutes par jour d’exercices pour acquérir une discipline. Cela me donne une certaine légèreté d’être. »

David a-t-il lu les livres de son père ? Jamais en entier, sauf *Les nourritures silencieuses*. Les autres, il les ouvre de temps en temps, mais quand il part en voyage, il emporte toujours un des livres de son père dans lequel il peut plonger s’il en a besoin. « J’ouvre une page au hasard, et je lis. »

Après la mort d’Yvan, David s’est senti « sur un nuage de bonheur, pendant un an ». Le jour de l'enterrement, il a chassé un mouvement de tristesse et il a ressenti une grande joie. « Je savais qu'il ne souffrait plus, qu'il était mort libre, conscient, qu'il a eu la mort qu'il voulait. »

La joie a permis d'assimiler l'événement pendant un an. La tristesse est venue plus tard avec le manque. Y a-t-il eu de la colère, une révolte, comme souvent dans les processus de deuil ? Non, car David avait compris depuis longtemps « que la vie est bien faite et que nous pouvons lui faire confiance et qu'elle a confiance en nous. L'événement correspond à l'apprentissage dont nous avons besoin ».

On sent bien combien l'enseignement d'Yvan – ne pas être victime des situations, mais disciple – a été finalement transmis à ses enfants.

Maintenant, cinq ans après, David rêve souvent de son père. Dans ses rêves, il est plus jeune, et ils communiquent beaucoup. David sent, comme Nadège, qu'Yvan l'accompagne. « Je ne pense pas à lui, mais il est toujours avec moi. »

« Si je vis la conscience qu'il m'a transmis, ça enlève de la tristesse. C'est une façon de lui dire merci. Je sais que je ferai des erreurs dans la vie, mais j'apprendrai de ces erreurs. J'ai beaucoup reçu de mon père, j'ai beaucoup d'informations sur la vie, mais j'ai mon chemin à faire, et il faut que je le fasse. Une phrase de papa me guide : "Il n'y a pas de chemin qui mène au royaume. Le chemin est le royaume." Nous avons à fournir simplement l'effort de ce que nous devons faire, la grâce vient d'elle-même, elle est toujours là. »

Quant à Anaïs, elle vit et élève seule son petit garçon Yohan. Elle est passionnée de danse, ce qui est sa manière à elle d'être vivante et d'être dans le mouvement.

Quand nous évoquons Yvan, elle me parle d'emblée de ses mains. Elle aimait ses mains, la façon qu'il avait de lui prendre la main. « On avait une relation très forte, tout passait dans le contact des mains », raconte-t-elle.

Anaïs dit que la maladie de son père ne lui a pas trop pesé : « Papa ne se plaignait jamais. » Puis elle a commencé à entendre dire qu'il pouvait mourir bientôt. Elle le voyait faiblir. Aussi lorsque sa mère l'a appelée en Auvergne, où elle vivait alors avec son compagnon et son fils, le 18 juin au matin, elle n'a pas ressenti de tristesse, juste un peu d'étonnement. La veille, elle avait téléphoné à son père, et puis, comme Yohan était tombé, elle a raccroché brutalement, en disant : « Je finirai de te raconter cela demain ! »

Comme Nadège, comme David, Anaïs a ressenti un soulagement, celui de savoir qu'il avait cessé de souffrir. Quand elle est arrivée dans sa chambre, elle l'a vu reposé pour la première fois. Elle s'est allongée à côté de lui, sur le lit, et plus tard Yohan a voulu faire sa sieste, blotti contre son grand-père. « Je voulais que Yohan sache que la mort est là, dans la vie. »

« Pendant trois jours, je me suis allongée à côté de lui. Je lui prenais la main. Le troisième jour, j'ai fait ce rêve : nous étions tous sur le lit de papa, Nadège, David, Yohan, Swamiji et moi, mais papa, lui, était assis sur une chaise, le torse nu, en pantalon blanc, avec le visage qu'il avait quand j'étais tout petite, quand il avait un corps en forme. Il m'a dit : "En fait, Anaïs, je suis juste venu te dire que là où je suis, je suis bien, tout va bien. Mon corps est léger." Je me suis réveillée et je suis partie à l'enterrement, heureuse. Les gens me disaient : "C'est bien ! Tu es forte ! Tu gardes le sourire !" A l'intérieur de moi, j'avais beaucoup d'émotion mais ce rêve m'empêchait d'être triste. Ça m'a beaucoup aidée.

« Maintenant, la relation physique avec lui

me manque. Quand j'étais petite, il venait me parler. Il me disait : "Je sais que tu ne comprends pas tout ce que je te dis, mais tu as entendu ! Un jour, ça reviendra à ta mémoire et tu comprendras." Et c'est vrai, il y a souvent des petites choses qui remontent et je me dis : "Ah oui, c'est ça !" Il est donc toujours là avec moi.

« Je ne me sens pas en relation avec un esprit qui tourne autour de moi, ça se passe à l'intérieur de moi. Il y a bien des moments où j'aimerais qu'il apparaisse, que quelque chose de miraculeux se passe, mais après je prends du recul, et je sens que c'est à l'intérieur que ça se passe. »

Pourtant, un jour, alors qu'elle est en voiture sur un chemin dans une forêt, Anaïs s'adresse à son père qui lui manque. Elle lui demande un signe et, à ce moment précis, un cerf blanc traverse le chemin.

Comme David, Anaïs n'a pas idéalisé son père. Il reste pour elle un homme avec ses hauts et ses bas, avec ses limites. Et cela l'aide.

La spiritualité ? « Je ne me prends pas la tête avec ça. Je la vis ! C'est naturel ! La chance que j'ai, c'est qu'il nous a laissés sur une bonne base de départ. Je me rends compte du cadeau que j'ai eu avec un tel père. Bien sûr, on a eu des conflits, mais ça ne durait pas. On se regardait, on éclatait de rire et c'était fini. Il y a eu des non-dits comme partout, mais j'ai appris à vivre à travers les choses auxquelles je suis confrontée. J'ai appris qu'en acceptant les situations, en les vivant, on grandit.

« Quand j'écoute les cassettes audio de papa, je ressens son enseignement dans ma “base”, dans mon corps. Ses livres, je ne les ai pas lus. Par exemple, *L'effort et la grâce*, le titre me suffit. Ce n'est pas l'effort qui amène la grâce, ni la grâce qui amène l'effort. C'est une balance entre les deux, c'est ce que je sens et vis dans la danse. »

Anaïs raconte qu'Yvan lui disait qu'elle trouverait sa voie à travers le corps. Elle a commencé à danser à trois ans, puis elle a arrêté. Elle a repris trois ans après la mort de son père, un an après s'être séparée du père de Yohan.

J'apprends aussi, en écoutant Anaïs, qu'Yvan faisait faire à ses enfants dix minutes d'exercices de respiration avant de partir pour l'école. « Sur le moment, ça me barbait, mais maintenant je me rends compte qu'il nous a sensibilisés à quelque chose de très important. »

Anaïs parle avec beaucoup de tendresse de Chandra Swami, qui est la première personne qui l'a tenue dans ses bras quand elle est née. Swamiji est comme un grand-père pour elle.

Anaïs conclut enfin l'entretien que je viens d'avoir avec elle, dans sa petite maison d'Avignon, en me disant : « Je me suis sentie aimée. Je suis contente de là où je suis aujourd'hui. »

Des funérailles festives

Elles ont laissé dans le cœur de chacun un peu de la joie de vivre qui animait Yvan.

Deux ans avant sa mort, Yvan écrit ses volontés concernant ses funérailles. Nous sommes le lundi 31 mars 1997. « Ce jour, lundi de Pâques, et jour anniversaire de mes quarante-sept ans, j'écris en toute conscience mes dernières volontés qui tiendront lieu de testament si ma mort devait advenir avant que je n'en rédige un autre. »

Nous n'entrerons pas dans l'intimité de ce document, mais nous voulons souligner ici combien la rédaction d'un testament témoigne de la lucidité d'un homme devant la réalité de sa mort, une mort qui peut venir à tout moment, comme il est dit dans l'Evangile :

« Veillez et priez car vous ne savez ni le jour ni l'heure ! » Rédiger un testament, c'est aussi aider ceux qui restent à organiser des funérailles. Yvan souhaite alors être incinéré, une partie de ses cendres étant remises à son maître. La veille de sa mort, pourtant, Yvan revient sur ce vœu, préférant être enterré, pour que les siens aient un lieu où venir se recueillir. Nous avons raconté plus haut comment il a choisi lui-même l'emplacement de sa tombe au cimetière de Gordes. Son testament mentionne aussi ses choix en terme de musique : il voudrait que l'on joue le *Requiem* de Mozart, en particulier le *Kyrie*, et que l'on passe un bon enregistrement du chant dont il a écrit les paroles au moment de son « éveil » : « Dans la *lilâ* des mondes infinis, je tisse des liens entre les fils de moi-même pour la seule joie de me reconnaître dans le regard de ceux qui s'aiment. »

Yvan est mort à l'aube du 18 juin 1999, et pendant trois jours, conformément à ce qu'il souhaitait, il reste allongé dans son lit, veillé par ceux qui l'aiment. Le respect de cette volonté, conforme à ce qui se pratiquait autrefois dans les familles, n'a pas été simple.

Aujourd'hui, les pompes funèbres vous poussent à leur confier le cadavre pour les soins de thanatopraxie. Garder un corps mort chez soi, par grandes chaleurs, n'est pas recommandé. Les pompes funèbres imposent alors à Nadège un traitement chimique du cadavre. C'est la seule façon de respecter le vœu d'Yvan. Nadège se sent démunie. Le traitement lui semble violent. Elle ne voudrait pas perturber le processus de la mort, le « passage » d'Yvan. Elle prend conseil, et finalement c'est Chandra Swami lui-même qui la rassure : le processus spirituel engagé dans la mort ne sera pas affecté par la thanatopraxie. Marc de Smedt, son voisin et ami de Gordes, confirme en effet que l'« incroyable vibration » qui entourait le corps d'Yvan n'a pas été perturbée par la science funéraire.

Pendant les trois nuits qui suivent, Nadège dort à côté d'Yvan. Dans la journée, les enfants viennent s'allonger sur son lit, et même le petit Yohan, fils d'Anaïs, réclame de faire sa sieste à côté de son grand-père. Il arrive que Nadège et ses deux enfants soient blottis près d'Yvan, silencieux ou parlant selon les moments. Tout semble si naturel.

Dans une société qui refuse la mort, il est courant que les familles fassent hospitaliser leur mourant au tout dernier moment pour qu'il ne meure surtout pas dans sa chambre. Des peurs archaïques remontent : la peur d'être contaminé par le mort, la peur d'être englouti à son tour. La peur de ne plus pouvoir dormir tranquille dans un lit qui a accueilli la mort.

Ce qui se passe dans la chambre d'Yvan est tout à fait extraordinaire. On sent à quel point les choses sont vécues simplement, naturellement. La vie continue. On entre, on vient embrasser Yvan, passer un moment près de lui, on sort. La chambre est dans une pénombre tranquille. Yvan semble d'ailleurs comme environné d'une atmosphère de paix profonde. Les gens qui entrent dans la chambre sont surpris : « Mais on dirait qu'il est vivant, qu'il va respirer, qu'il va ouvrir les yeux. »

Le soir de sa mort, un vendredi, Nadège et ses enfants célèbrent le shabbat avec tous ceux qui sont présents. C'est un rite qu'Yvan avait institué. Nadège préparait un repas plus soigné que d'habitude, puis ils se réunissaient dans leur salon, devant une pierre sur laquelle étaient inscrites les tables de la Loi. C'est une pierre du Néguev qu'Yvan avait fait graver en Israël, à l'occasion d'un séminaire qu'il avait donné là-bas. Devant les tables, on allumait le chandelier à sept branches, puis Yvan lisait en français la première partie des dix commandements, Nadège lisait ensuite la seconde. Parfois, c'est David qui lisait la première partie et Anaïs la seconde.

« Ce soir-là, nous avons célébré le shabbat dans la chambre, Yvan allongé, mort, dans son lit. Il y avait un recueillement profond, un calme qui nous portait. Nous n'avons allumé qu'une seule bougie pour ne pas trop chauffer la pièce, puis nous avons tous dîné ensemble », raconte Nadège.

Le dimanche, c'est la fête des pères. Anaïs fait des gâteaux pour tout le monde. On célèbre aussi l'anniversaire d'un ami d'Yvan. C'est une atmosphère de fête qui règne. Il y a beaucoup d'amour et de tendresse qui circulent.

Trois jours plus tard, le corps d'Yvan est mis dans un cercueil, et celui-ci est exposé dans le salon. Nadège a ouvert la maison pour que tous ceux qui le désirent, les amis, les voisins, la famille, puissent venir se recueillir auprès de lui. Yvan repose habillé d'un costume blanc indien. Nadège a posé près de lui ses lunettes, et dans ses mains jointes son *mâla*. Son visage émacié rayonne de paix.

Nadège et ses enfants aussi se sont habillés en blanc, la couleur du deuil en Inde. Ils sont calmes et comme animés d'une joie profonde. Le maître aimé, Swamiji, a pu arriver à temps depuis l'Inde. Il entre et dépose des fleurs aux pieds d'Yvan, les touchant dans un geste de grande révérence. Il faut savoir qu'en Inde toucher les pieds est un geste de dévotion. Tout à coup, juste avant qu'on ne ferme le cercueil, il se précipite dans sa chambre. Il revient avec un léger voile orange dont il recouvre le corps d'Yvan, avec une infinie douceur. Le voile orange est le signe visible de ces moines qu'on appelle *sannyasin* en Inde. Ainsi la robe à laquelle Yvan avait renoncé pour assumer sa vie de couple avec Nadège, Swamiji la lui rend en quelque sorte au moment où il quitte ce monde. Moment émouvant, annoncé par le rêve que Nadège a fait quelques jours avant la mort d'Yvan.

Maintenant chacun monte vers l'église de Gordes. Une vieille église au cœur du vieux village. Elle est pleine de monde. Il y a peut-être cinq cents personnes. Dès la mort d'Yvan, Nadège a téléphoné à Stan Rougier, un prêtre catholique, son ami de longue date, pour lui demander de célébrer les obsèques. Stan a tout de suite modifié son emploi du temps pour être libre le jour de l'enterrement. Le curé de Gordes, le père Chataigner qui connaît bien Yvan et qui l'apprécie a accepté de laisser Stan Rougier officier. C'est que Stan et Yvan se connaissent depuis 1972. Stan, jeune prêtre, avide de voyages et de rencontres, est arrivé une nuit à l'ashram de Chandra Swami, et Yvan lui a fait l'hospitalité de sa minuscule cellule. Ils ont passé la nuit à parler de choses essentielles et leur amitié s'est nouée là.

Pourquoi avoir choisi des funérailles à l'église ? Bien que juif par son père – son grand-père était un des rabbins d'Essaouira au Maroc –, Yvan est chrétien par son baptême. Il a fait ses études chez les jésuites. Mais, chrétien, il l'est aussi en esprit, comme l'exprime si bien Stan Rougier, qui reconnaît que la qualité de relation qu'Yvan savait établir avec les autres en témoignait. Nadège a tenu à ce que l'ouverture de cœur d'Yvan à toutes les traditions soit reconnue et respectée. C'est ainsi qu'au cours de ses obsèques s'exprimeront des témoignages de foi juive, hindouiste et soufie.

Ibn Arabi, poète soufi du XIIe siècle, chante : « Je suis la religion de l'amour, où que se rendent ses caravanes, l'amour est ma religion et ma foi. » On sent bien, cet après-midi dans l'église de Gordes, que ce qui relie tous ceux qui sont rassemblés autour du cercueil d'Yvan, c'est la religion de l'amour.

Lors d'une conférence donnée en 1996, Yvan avait raconté l'histoire suivante : « Quand j'ai rencontré Chandra Swami, il vivait dans un petit bungalow dans la forêt des contreforts de l'Himalaya, au bord du Gange. Il était tellement beau que chaque fois que j'allais le voir dans la forêt, j'étais comme renvoyé deux mille ans en arrière, en Terre sainte, et j'avais le sentiment de m'approcher de ce Galiléen qui nous a tant fait rêver. J'avais dix-neuf ans et j'écoutais tous les jours son enseignement. J'étais très ému et je me disais que pour ceux qui avaient vu Jésus, il devait y avoir cette beauté-là. Un jour, j'ai quand même osé demander à Chandra Swami : “Que pensez-vous de Jésus ?” Il m'a alors fait cette réponse : “Je ne pense rien de lui, je l'aime.” »

Stan et le père Chataigner sont debout dans le chœur de l'église, vêtus de leurs aubes blanches. Ils accueillent Nadège toute vêtue de blanc, David lui aussi habillé en couleur claire, Anaïs qui, sur sa tenue blanche, a jeté un châle framboise, et tient son petit garçon blond dans les bras, la mère d'Yvan, la tête couverte d'une calotte blanche. Suivent le maître bien-aimé dans sa longue robe orange, impressionnant de beauté et de présence, les amis spirituels comme Arnaud Desjardins, Marc et Marie de Smedt, Jacques Salomé, Andrew Cohen, Lee Lowsovik, le Cheikh Bentounès, Pierre Rabhi, et tant d'autres encore.

Le cercueil en chêne clair est arrivé. Une simple plaque indique le nom d'Yvan, les dates de sa naissance et de sa mort, quelques pétales de rose.

L'assistance est nombreuse. Recueillie. Vêtue de couleurs gaies. On ne voit que quelques costumes sombres parsemés dans la foule. De toute évidence, c'est une joie profonde et grave qui traverse ceux qui sont venus rendre hommage une dernière fois à l'ami, Yvan. David, son fils, raconte comment ayant un moment de tristesse, et sentant venir les larmes, il a croisé le regard de Chandra Swami qui lui a fait un geste. « Ne sois pas triste », semblait-il lui dire. Et David a senti son chagrin s'apaiser et un sourire arriver.

Le *Requiem* de Mozart emplit l'église, puis Stan prend la parole. Il veut rendre un dernier hommage à celui qu'il connaît depuis vingt-sept ans, ce jeune homme de vingt-deux ans avec lequel il a parlé jusqu'à quatre heures du matin de l'Ultime Réalité. Maintenant que le corps d'Yvan repose dans son cercueil, il veut dire à tous combien, malgré leurs approches religieuses différentes, ils étaient proches dans leur foi, plaçant l'Amour au-dessus de tout. « Tous les mystiques parlent la même langue parce qu'ils viennent tous du même pays », lui avait dit Yvan en l'accueillant en Inde. Et ce pays est celui de l'Amour. Cet Amour, Yvan s'est efforcé de le vivre dans la relation consciente. « Tu montrais qu'on ne peut pas prétendre aimer et servir l'Absolu divin, l'Un, l'Eternel, YHWH, sans aimer et servir d'un même souffle Sa créature... Je te demandais de me définir Dieu comme si l'"au-delà de tout" pouvait se dire par des mots. Tu m'avais répondu : "Il n'est pas moi et Il n'est pas un autre. Il est la relation [1]." »

Puis des témoignages se succèdent, tous émouvants, tous disant l'humilité, la joie et l'amitié profonde qui émanaient d'Yvan. Tous évoquant son rire étincelant, sa patience, son écoute inlassable, sa manière de transmettre qui respectait les autres et leur cheminement.

1. Préface au livre d'Yvan Amar, *Les dix commandements intérieurs*, *op. cit.*

C'est surtout sa congruence qui apparaît avec force. Il était en accord avec lui-même et la sagesse qu'il enseignait.

Ensuite les trois amis les plus proches d'Yvan, ceux avec qui il a vécu en Inde, lisent la prière de Chandra Swami :

O seigneur, Refuge du sans-refuge, Dieu suprême de cet univers,
Que le monde entier soit heureux,
Que le mesquin devienne bienveillant,
Que chaque être vivant désire le bonheur de l'autre,
Que chaque cœur soit animé par l'amour mutuel et la générosité,
Et libre de tout égoïsme, fais que notre cœur se tourne spontanément vers Toi.

Prière superbe, que chacun, croyant ou non-croyant, chrétien ou non-chrétien, reçoit ce jour-là avec une émotion profonde, car c'est la prière qu'Yvan récitait tous les matins.

Je t'en supplie, prends-moi en Toi,
Attire-moi toujours près de Toi,
Accorde-moi l'entière protection de Ta main bienveillante,

Mon Dieu ! Je T'appartiens, je T'appartiens, je T'appartiens.
Quoi que je sois, je prends refuge en Toi[1].

Anaïs poursuit en lisant la prière de son père :

Père,
parce que nous désirons
plus que tout
accomplir ta douce volonté
parce que nous souhaitons
de tout notre être
servir ton intention
nous élevons, humblement
vers toi cette prière,
que notre cœur, par cette compassion
trouve les accents de la sincérité
que notre âme y puise
les forces de la détermination
et enfin et surtout
qu'elle soit pour nous la règle qui oblige,
maintenant et toujours
à agir droitement,
et par là même

1. Chandra Swami, *L'art de la réalisation*, *op. cit.*, p. 172.

à grandir vraiment
Car ici, grandir c'est aimer
et aimer te servir infiniment

Joie, joie, joie

C'est au tour de David maintenant de lire un passage du livre de son père *Les Béatitudes*, le passage qui rappelle que le chemin est le royaume. Yvan écrit qu'être en marche et être bienheureux sont une seule et même chose. Le mot hébreu *ashrei*, par lequel commencent les Béatitudes signifie en effet « en marche », mais lorsqu'on est en marche, on est bienheureux.

C'est en marchant maintenant que l'assistance se dirige vers le cimetière, derrière le cercueil d'Yvan, après avoir chanté un chant mis en musique par Yvan : « Om, Shalom, Amen, Allah. » David raconte que ses copains sont impressionnés par son absence de tristesse, le sourire naturel qu'il arbore. « Tu as le sourire, tant mieux, garde-le ! » lui disent-ils. C'est qu'il y a une joie, une joie grave et recueillie, dans ce cortège vers la tombe d'Yvan : « Dans le cimetière, au-dessus des tombes, l'oiseau petit chante son chant ; des trilles de source et de perle tombent de sa voix d'argent. » Ainsi commence le poème de S.S. Frug, que lit David dès que tous se trouvent rassemblés en cercle autour de la fosse. David a posé sur sa tête la kippa, et avec neuf autres amis juifs, il récite le kaddish, la prière des morts juive : « Ecoute, Israël, le Seigneur est notre Dieu, le Seigneur est Un. » Puis c'est au tour d'un groupe de soufis de chanter un *dhikr* musulman, profondément recueillis autour du Cheikh Bentounès. Enfin, Stan Rougier, de sa voix grave et puissante, entonne un negro spiritual que toute l'assemblée reprend en chœur. Ainsi les trois traditions du Livre se trouvent présentes auprès d'Yvan, dernier hommage à son ouverture d'esprit et à la volonté qui a été la sienne de rapprocher les hommes, de les inviter au dialogue, à la relation, à l'humilité. Comme il le dit si bien dans le dernier chapitre de *L'effort et la grâce*, la maladie et la confrontation avec les autres lui ont enseigné l'humilité. Finalement, on ne sait rien : « On reste l'être de mystère que l'on était en naissant. » La seule chose qui reste lorsqu'on a perdu ses points d'appui, ses croyances, ses repères, c'est la foi. C'est en elle que tous les hommes peuvent se retrouver. « Le vécu de la foi, ce vécu dans l'homme qui reste quand tout lui échappe, c'est cela la hauteur de l'accomplissement d'une vie d'homme qui n'a plus besoin d'étiquettes, de religion, de philosophie[1]. »

Lentement maintenant se dépose le cercueil d'Yvan dans sa tombe. Stan Rougier a les bras chargés de roses blanches. Il les distribue autour de lui, afin que chacun puisse aller, dans un dernier geste de reconnaissance et de bénédiction, jeter la sienne, avec une poignée de terre, sur le cercueil désormais enfoui. L'émotion est forte, comme chaque fois que le moment de la séparation est venu.

On le sait, tous les rituels de deuil se terminent par un repas ou une collation. Ceux-ci font partie de la symbolique communielle des rites de mort. Se retrouver tous ensemble pour échanger, parler, se prendre dans les bras, évoquer le mort, sa vie, son enseignement. Ce sont ces moments qui permettent d'apaiser l'émotion.

Les amis d'Yvan et de Nadège ont dressé des tables chargées de boissons et de nourriture dans le jardin de leur maison. « Une gaieté grave mais réelle régnait. Comme si, par sa mort, il avait voulu nous dire encore : gardez

1. Yvan Amar, *L'effort et la grâce*, *op. cit.*, p. 197.

le sourire, l'amour et la joie dans l'acte de grandir sans cesse », raconte Marc de Smedt.

Pendant dix jours, la maison n'a pas désempli. On aurait dit des lendemains de fête. Les amis vont et viennent, soutenant Nadège et ses enfants de leur amitié. Un soir, Chandra Swami donne un *darshan*, c'est-à-dire une rencontre au cours de laquelle il répond par écrit, puisqu'il a fait vœu de silence, aux questions qu'on lui pose. Il faut rappeler ici que le vœu de silence fait partie de la tradition spirituelle en Inde. Chandra Swami dit simplement : « Je suis tombé amoureux du silence. »

Nadège, assise près de lui, traduit ces questions et les réponses écrites. Bien des questions tournent autour de la mort d'Yvan. Les gens se demandent où il est maintenant, vers quel lieu il est allé. Le sage répond alors : « Yvan a quitté son enveloppe mortelle. L'esprit ne naît ni ne meurt. Yvan n'est allé nulle part. Il est là où il était avant que son corps ne meure. Il est là où est le Divin. Yvan est présent. Il est avec vous à travers son enseignement. » Il recommande enfin à la foule qui l'interroge de méditer sur la nature transitoire des choses, des situations et des relations : « Vous verrez alors combien il est vain de courir après elles. » Il invite chacun à méditer pour découvrir que l'esprit qui anime le corps est hors temps, immortel : « C'est l'existence absolue, la conscience absolue et la bénédiction absolue. » Puis il ajoute : « Cultivez la foi et la confiance en votre nature divine... Souvenez-vous du divin, chaque fois que vous respirez. »

La mort met fin à la vie mais pas à la relation

Yvan est donc cet homme humble qui a délibérément choisi de faire confiance à la vie qui l'aime, de vivre tout ce qu'elle lui apporte, non en victime, mais en disciple. Ainsi a-t-il pu vivre sa dépendance tout en restant libre.

Nous avons voulu lui rendre hommage. Au-delà du récit d'une vie et d'une mort qui paraîtront sans doute exemplaires au lecteur, nous avons voulu montrer que ce n'est pas tant la croyance dans une vie après la mort qui aide à vivre et à mourir, mais le courage de vivre le réel, tel qu'il est. Le courage de vivre sans comprendre : « Je suis passé d'une incompréhension triste à une incompréhension joyeuse. » Le courage d'être vivant, alors même que la mort menace. Le courage d'être soi, avec ses imperfections et ses manques.

« La souffrance le rendait humble. Il ne la cachait pas, mais il n'en était pas victime. Il cherchait au contraire à la rencontrer. Ce qui lui importait n'était pas de trouver des réponses aux questions qu'il se posait sur le sens de sa maladie ou sur ce qu'il y avait au-delà de la mort. Il avouait : "Mon maître croit à une vie après la mort, mais moi je ne sais pas." L'important était de porter une attention consciente à ce qu'il vivait. Il disait même que croire à une vie après la mort comportait le risque de diminuer sa foi dans la vie », raconte Richard Moss[1]. « La foi ne connaît pas de certitude... la foi appartient à la nuit obscure », écrit Yvan, qui pose ainsi la question : « Qu'est-ce qui vous rend le plus conscient dans la vie ? Savoir ce qu'il y a ou ne pas savoir ce qu'il y a après la mort[2] ? »

Son secret était donc d'assumer le « non-savoir », de vivre chaque moment de sa vie le plus pleinement, le plus consciemment possible. Plutôt que de se plaindre ou de se révolter contre sa maladie, il en a fait son maître. Il vivait ainsi son propre enseignement : être disciple des situations plutôt que victime ouvre à

1. Richard Moss, entretien du 9 octobre 2003.
2. Yvan Amar, *Les nourritures silencieuses*, éditions du Relié, 2000, p. 99.

la vraie liberté. Ainsi Yvan a-t-il vécu sa vie, ainsi l'a-t-il accomplie.

Rilke, dans *Le Livre de la pauvreté et de la mort*, distingue la « petite mort » qui pend à l'intérieur de l'homme, comme un fruit aigre, vert et qui ne mûrit pas, et la « grande mort » que chacun porte en soi comme le fruit qui est au centre de tout, et dans lequel peut entrer « toute la chaleur des cœurs et l'éclat blanc des pensées ».

Nous n'avons pas voulu, encore une fois, faire ici l'apologie d'une « bonne mort », mais d'un « mourir conscient » qui vient en quelque sorte couronner une vie accomplie, une vie vivante, une vie vécue en conscience et dans l'humilité. Nous avons pensé que ce « mourir conscient » était une réponse au désir de plus en plus fortement exprimé par nos contemporains de ne pas être « frustré » de sa mort. On veut s'approprier sa mort, en être le sujet. Un art de mourir moderne.

Nous sommes nombreux à nous demander comment nous allons mourir. Nous avons de fortes chances de vivre vieux, très vieux, notre médecine ayant désormais les moyens de rallonger considérablement la vie. Nous redoutons, à juste titre, de terminer notre vie dans une déchéance inacceptable, sourd, aveugle, grabataire, incontinent, dément. Nous avons peur de devenir une charge pour nos familles et pour la société. Quand on a été témoin de certaines débâcles, il est tentant de se projeter dans l'avenir et d'imaginer les pires scénarios. Comment mourir ? Comment rester digne jusqu'au bout ? Anticiper sa mort est-ce là la seule façon désormais de mourir dignement ? Certains suicides célèbres nous séduisent. On y voit du courage, de la tenue. Mais on voit plus rarement l'enfer que ces personnes font vivre à leur entourage en programmant leur mort. Le sinistre compte à rebours, qui terrifie, qui paralyse la vie et les échanges. La tristesse infinie.

Il y a une autre réponse possible à ce désir de rester sujet de sa mort, digne devant elle. Avoir le courage de vivre le déroulement des choses, jusque dans la perte de son autonomie. Confier son corps altéré aux mains de ceux qui vous aiment, vivre cet échange difficilement exprimable où la vulnérabilité extrême appelle la tendresse des gestes, où la confiance réciproque engendre un sentiment de dignité incomparable. Comment ne pas penser alors à ce cri du vieil Œdipe, aveugle et en haillons, pratiquement abandonné : « C'est donc quand je ne suis plus rien que je deviens vraiment un homme[1] ! » Lien mystérieux entre la vulnérabilité d'un être humain et l'incroyable humanité qu'elle suscite chez ceux qui prennent soin de lui et qui l'accompagnent.

S'il y a une liberté à anticiper sa mort, à en choisir l'heure, s'il y a une dignité à refuser sa propre déchéance, il y a une liberté et une dignité encore plus fortes et plus belles dans l'acceptation les yeux ouverts du réel. Un apprentissage non pas de la mort, mais de la vie. Une paix transmise aux vivants, un rayonnement qui les porte. Les derniers moments d'un être aimé peuvent être l'occasion d'aller le plus loin possible avec cette personne, dans une intimité et une profondeur parfois encore jamais atteintes. On croit tout connaître de l'autre, et voilà que dans ces moments ultimes, on découvre ce que l'on n'aurait jamais imaginé découvrir, des trésors d'humanité. Malgré les ravages de la maladie ou de la vieillesse, l'être humain n'a jamais dit son dernier mot.

1. Sophocle, *Œdipe à Colone*, Les Belles Lettres, 1960, p. 393.

« En quelques jours parfois, à travers le secours d'une présence qui permet au désespoir et à la douleur de se dire, les malades saisissent leur vie, se l'approprient, en délivrent la vérité. Ils découvrent la liberté d'adhérer à soi [1]. »

La liberté d'adhérer à soi. C'est à cette liberté qu'Yvan Amar nous invite. Et c'est sur ce concept que nous aimerions achever ce livre. « Il y a une liberté dans l'homme qui va mourir qui n'existe pas dans l'homme qui est encore en pleine vitalité. Il y a une liberté dans le détachement, dans le dépouillement, qui permet dans une certaine mesure de dire des choses ou d'entendre des choses qui n'ont rien à voir avec ce qu'on aurait été capable de dire ou ce qu'on aurait été capable d'entendre en temps ordinaire. »

La liberté à laquelle Marcel Légaut fait allusion dans la phrase qui précède, j'en ai été témoin auprès des malades que j'ai accompagnés. Leur maladie, leur mort, ils ne l'avaient pas voulue, ni choisie. Elle était là. Mais ils avaient la liberté intérieure de « transformer l'impasse en chemin », comme le disait un des malades. Yvan ne dit pas autre chose, lorsqu'il

1. Préface de François Mitterrand à *La mort intime*, *op. cit.*

affirme que sa souffrance physique lui rappelle en permanence la fragilité de ses prétentions face à l'échéance ultime. « Il y a une façon de reconnaître la dépendance qui permet de la vivre en toute liberté[1]. »

Ce témoignage mérite d'être transmis dans un monde où l'on finira un jour ou l'autre par culpabiliser ceux qui pèsent sur les autres, parce qu'ils sont malades, handicapés, mourants, un monde où l'on décidera peut-être à leur place que leur vie n'a plus de sens, un monde où l'on présentera le suicide ou l'euthanasie comme des gestes pleins d'élégance et de sagesse.

Nous avons voulu, enfin, montrer que cette mort lucide, consciente, acceptée, malgré la souffrance et la peur, a été une leçon de vie et d'amour pour les autres. Aucune violence ne l'a accompagnée. Simplement le déroulement tranquille des choses, le silence, la tendresse, les mots qui apaisent. Est-ce pour cela que sa femme, ses enfants sentent encore, cinq ans après, la force que leur a communiquée Yvan ? Une force d'amour.

« Tant que nous pouvons aimer et nous souvenir de ce sentiment d'amour, nous pouvons

---

1. Yvan Amar, *L'effort et la grâce*, *op. cit.*, p. 90.

mourir sans vraiment nous en aller. L'amour que l'on a créé est là. Les souvenirs sont là. On continue à vivre dans le cœur de ceux qu'on a touchés et nourris de son vivant. La mort met fin à la vie, mais pas à la relation [1]. »

Oui, la mort met fin à la vie, mais pas à la relation. C'est ce que nous avons appris d'Yvan.

1. Mitch Albom, *La dernière leçon*, *op. cit.*, p. 16.

Table

Du même auteur

L'Amour ultime : l'accompagnement des mourants (avec Johanne de Montigny), préface de Louis Vincent Thomas, Hatier, 1991, LGF ; « Le Livre de poche », 1997.

La Mort intime. Ceux qui vont mourir nous apprennent à vivre, préface de François Mitterrand, Robert Laffont, 1995 et 1981 ; Pocket, 1997.

L'Art de mourir. Traditions religieuses et spiritualité humaniste face à la mort aujourd'hui (avec Jean-Yves Leloup), Robert Laffont, 1997 ; Pocket, 1999.

Nous ne nous sommes pas dit au revoir. La dimension humaine du débat sur l'euthanasie, Robert Laffont, 2001 ; Pocket, 2002.

Comment accepter de vieillir ? (avec Jean-Denis Bredin et Paul-Laurent Hassoun), L'Atelier, 2002.

Doit-on légaliser l'euthanasie ? (avec André Comte-Sponville et Axel Kahn), L'Atelier, 2004.

Le Souci de l'autre, Robert Laffont, 2004. Prix « Livre et droits de l'homme » de la ville de Nancy, 2004.

Fin de vie : le devoir d'accompagnement (Rapport au ministre de la Santé), La Documentation française, 2004.

Propositions pour une vie digne jusqu'au bout, Seuil, 2004.

Achevé d'imprimer sur les presses de

BUSSIÈRE

GROUPE CPI

à Saint-Amand-Montrond (Cher)
en février 2005

Édition exclusivement réservée
aux adhérents du Club
Le Grand Livre du Mois
15, rue des Sablons
75116 Paris
réalisée avec l'autorisation des éditions Albin Michel
ISBN : 2-286-00044-1

N° d'impression : 050693/1.
Dépôt légal : mars 2005.

Imprimé en France